本书获得国家自然科学基金项目（41971198、41571 度江西省高校人文社会科学研究一般项目"江西省 质量发展的耦合机制研究"的阶段性成果

RESEARCH ON THE SPATIAL-TEMPORAL
EVOLUTION AND COUPLING COORDINATION
OF THE SCALE AND STRUCTURE OF CHINA'S
MANUFACTURING INDUSTRY

中国制造业规模与结构的时空演化及耦合协调研究

李建新 梁 曼 ◎ 著

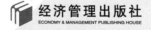

经济管理出版社
ECONOMY & MANAGEMENT PUBLISHING HOUSE

图书在版编目（CIP）数据

中国制造业规模与结构的时空演化及耦合协调研究/李建新，梁曼著 . —北京：经济
管理出版社，2021.2

ISBN 978 - 7 - 5096 - 7775 - 9

Ⅰ.①中…　Ⅱ.①李…②梁…　Ⅲ.①制造工业—研究—中国　Ⅳ.①F426.4

中国版本图书馆 CIP 数据核字（2021）第 031091 号

组稿编辑：张馨予
责任编辑：杜　菲
责任印制：任爱清
责任校对：王淑卿

出版发行：经济管理出版社
　　　　　（北京市海淀区北蜂窝 8 号中雅大厦 A 座 11 层　100038）
网　　　址：www. E - mp. com. cn
电　　　话：（010）51915602
印　　　刷：北京晨旭印刷厂
经　　　销：新华书店
开　　　本：720mm×1000mm/16
印　　　张：11. 25
字　　　数：204 千字
版　　　次：2021 年 2 月第 1 版　　2021 年 2 月第 1 次印刷
书　　　号：ISBN 978 - 7 - 5096 - 7775 - 9
定　　　价：78. 00 元

前　言

　　制造业是推动欠发达国家及地区经济增长的引擎，制造业的发展问题一直以来备受区域经济学、经济地理学等学科的广泛关注。1978 年以来，中国改革开放所释放出的制度、生产要素等供给条件很好地契合了跨国公司的需求，在充分发挥劳动力、土地等比较优势的基础上，中国大量承接国外产业转移、参与国际产业分工，推动了快速工业化进程，逐渐成为全球最大的制造国。但是，中国制造业在蓬勃发展的过程中也日益凸显出两大深层次的结构性矛盾。首先，中国制造业规模在空间分布上极不均衡，以沿海为导向的核心—边缘结构模式稳固，导致区域间发展差距不断扩大；其次，中国制造业主要依赖要素成本优势，通过承接劳动力、资本密集型产业转移参与全球分工并成为"世界工厂"，制造业结构的高级度尚且较低。因此，同时推动产业结构的优化与实现空间结构的协调成为未来中国制造业亟须解决的两大主要矛盾，这既关系到制造业能否为国民经济发展做出持续性贡献，还关系到区域间发展差距能否有效缩小。

　　本书立足中国制造业发展中存在的上述实际问题，将全球生产网络理论、产业转移理论、产业升级理论等多种相关理论运用到解释中国制造业的发展及其转型的空间逻辑中，包括中国成为"世界工厂"以及在此过程中实现产业结构升级的空间路径、模式，并基于区域进一步探讨了地方层面在此趋势中是如何应对的等，以此通过理论梳理—实证分析—案例解读的研究框架，达到提出问题—分析问题—解决问题的目的。具体地，本书以制造业为研究对象，以企业级数据为基础，基于地理学的空间视角对中国制造业规模、结构高级度及二者协调发展的时空格局展开了系统研究。

同时，立足西部地区成为全国制造业发展边缘区域的事实，将研究落脚点置于西部地区制造业发展的问题上，阐述其在制造业发展过程中存在的主要问题，解析典型成功案例——成都市的发展路径和模式，并提出未来发展的几点启示。本书从宏观、中观、微观等多重尺度系统研究了中国制造业规模、结构高级度及二者协调发展的时空格局特征，对于实现中国制造业在区域层面的协调可持续发展以及推动城市产业的转型升级具有一定的理论指导作用，并且可为推进制造业向西转移、实现制造业在国家层面有序布局提供相关参考。

本书成果得到了国家自然科学基金项目（编号为 41971198、41571155）以及 2020 年度江西省高校人文社会科学研究一般项目（编号为 JJ20202）的资助，也是其阶段性成果之一，在本书撰写过程中，得到了兰州大学杨永春教授的悉心指导，江西师范大学钟业喜教授、梁曼老师、冯兴华老师以及湖北文理学院蒋小荣老师提出了宝贵的修改建议，在此一并表示衷心感谢。

作为一个相对全面、系统的尝试性研究，加之笔者水平有限，本书不妥与疏漏之处在所难免，敬请读者批评指正。

目　录

第一章
绪　论

一、研究背景

（一）全球生产网络、改革开放与中国制造业的全球性崛起

大多数经典发展经济学家认为，制造业是推动欠发达国家及地区经济增长的引擎（Kaldor，1966）。20 世纪 70 年代以前，在旧的国际劳动分工体系下，工业化的主导权被少数欧美国家牢牢占据，而亚非拉等欠发达国家仅作为发达国家的原材料产地和产品销售市场，难以获得自主工业化的机会，发达国家与欠发达国家间的工业化水平存在一个极端稳固的核心—边缘结构。然而，20 世纪 70 年代以来，全球化浪潮降低了全球贸易成本，而科技的进步则使得将产品按照价值链进行分解和整合成为可能。在此背景下，跨国公司为追求利益最大化对原有生产流程进行了革命性创新，即按照价值链流程对产品生产进行了重新布局，一方面，将位于价值链微笑曲线两端的研发设计、营销服务等高附加值环节保留在发达国家；另一方面，将位于价值链微笑曲线中间的产品生产等低附加值环节转移至发展中

国家，从而形成了一个以跨国公司为主导的网络状的国际生产组织——全球生产网络（唐海燕，2013）。由于产品内分工所带来的生产纵向分割降低了各个国家及地区进入生产网络的门槛，因而在这种新的国际劳动分工体系下，越来越多的发展中国家及地区得以参与其中并获取相应的分工利益，使得甚至一种产品的生产也开始由原先的"国家制造"转变为"世界制造"。其中，中国在这种新的产业分工模式下的发展轨迹具有独特的代表性。

面对全球产业空间组织所呈现的新变化，中国政府审时度势，在1978年做出了实行改革开放的历史性决策，随后一系列政策措施先后得以实施。1979年，广东、福建率先被允许在对外经济活动中实行"特殊政策、灵活措施"，深圳、珠海、厦门、汕头4个东南沿海城市试办经济特区，1984年，大连、秦皇岛、天津、烟台、青岛等14个沿海港口城市实行对外开放，逐步兴办经济技术开发区，1990年开发开放上海浦东新区，2001年加入世界贸易组织（WTO）。随着渐进式市场化改革以及对外开放措施的相继实施，中国强大的政府激励机制、广阔的产品市场、低廉的要素成本、稳定的社会环境等一系列全球层面的比较优势开始加速凸显，成为跨国公司进行全球产业转移、追逐更大利润的主要场所（罗芊等，2016）。因此，改革开放所释放出的供给因素与跨国公司产业转移的需求因素相互契合，使得中国在充分发挥劳动力、土地等生产要素巨大比较优势的基础上，建立了"两头在外"的外生型发展模式，通过加工贸易的方式大量承接来自欧美、东亚等地区的国际产业转移，深入参与国际产业分工（林毅夫等，1994；吴福象和段巍，2017；贺灿飞，2018）。在跨国公司的外部推动和经济政策的内部引导下，中国融入全球生产网络的广度和深度不断提升，推动了快速工业化进程，也驱动了国家经济持续几十年的快速增长（陶新宇等，2017）。在这几十年的经济快速增长过程中，制造业的增长速度明显快于整体经济的增长速度，对经济发展全局起到驱动性和指示性作用，成为国家经济的根基所在（Zhong & Wei，2018）。在市场和政府力量的双重驱动下，中国制造业在短短的三十余年内快速赶超西方大国而实现了全球性崛起，已成为世界第一大制造业国以及第二大经济体，被国际上称为"中国模式"（吴敬琏和俞可平，2012；杨永春等，2015）。从中国制造业占全球比重来看，随着改革开放的深入推进以及嵌入全球生产网络程度的不断提升，中国制造业占全球比重快速上升，在世界范围内的地位不断提高。具体来看，1990 年中国制造业占全球比重为 2.7%，落后于部分西方传统发达国家位居世界第九；2000 年提升至 6.0%，位居世界第四；2007 年提升至 13.2%，仅次于美国而位居世界第二；2010 年为 19.8%，超越美国并且开始稳居世界第一；至 2015 年，中国制造业产出占全球比重已达 22% 左右，连续 6 年保持世界第一制造业大国的地位（黄群慧，2018）。

（二）渐进制度改革、区域差异扩大与中国制造业的内陆转移

在中国制造业蓬勃发展并实现全球性崛起的同时也蕴含了一大深层次的结构性矛盾，那就是制造业在中国各区域间的发展水平极不均衡，高度集聚在东部沿海地区，在中西部地区则相对薄弱，总体呈现以东南沿海为导向的核心—边缘结构（毛琦梁等，2013；洪俊杰等，2014）。中国制造业在地理空间上的不均衡在很大程度是由于中国实行的是渐进式的制度改革、有选择性地融入全球生产网络这一发展战略所导致的。从空间角度来看，在改革开放中前期阶段，中国选择在部分地区率先推行制度改革，试图通过实施一系列的优惠政策来大量吸引国际资本、融入全球生产网络以达到"先富"的阶段性目标，随后再通过"先富"地区所释放出的涓滴与扩散效应带动后发地区的"后富"，进而达到共同富裕的最终目标。由于东部地区具有沿海的优越区位条件，并且发展基础相对更优，便于更高效率地吸引国际资本、发展出口加工产业从而深入参与全球分工，因此，早期的改革开放优惠政策几乎全部在东部地区实施，中西部地区相对而言则基本维持原有发展路径（Head & Ries，1996；Wei，2000；蔡昉和都阳，2000）。

随着渐进制度改革模式的深入推行，加上后期市场外部经济、集聚效

应的作用，东部沿海地区逐渐成为承载中国制造业的核心区域，也是世界范围内制造业分布最密集的区域之一（Fujita & Hu，2001；刘乃全等，2008；罗胤晨和谷人旭，2014）。与此同时，由于市场经济体制下生产要素流动的自由度不断提高，在东部地区强大虹吸效应的作用下，中西部地区大量劳动力等生产要素快速导入东部地区，支撑了东部地区制造业的快速发展（吴福象和蔡悦，2014）。以上发展机制所带来的结果是，一方面，东部地区借助强大的倾斜发展政策以及来自中西部地区广泛的移民潮，带来了制造业的繁荣景象。另一方面，中西部地区由于缺乏有效的政策推动，加上优质生产要素的大量析出，使得其发展路径在经济全球化、市场化的背景下不断滞后甚至原有自成体系的产业结构备受冲击，导致制造业的全国地位不断降低。另外，由于区域间的内在联系薄弱，东部地区对于中西部地区的辐射和带动作用十分有限（朱晟君，2018）。总体来看，当前东部地区已经开始步入工业化后期阶段，部分区域甚至步入后工业化阶段，区域发展水平接近新兴工业化国家的水准，但中西部地区仍处在工业化的中前期阶段，区域差距十分显著。沿海与内陆间区域差异的扩大不仅直观体现在制造业规模的差异上，并且由于制造业是国民经济的根基所在，因此制造业差异的扩大还会由于连锁反应综合体现在经济发展水平、居民福利水平、城镇化水平等一系列差异的扩大上（Cheong & Wu，2014）。

区域差异过大所带来的负面影响是显而易见的，因此，在国家实现经济规模总体提升的前提下，进一步缩小区域间制造业发展水平的差异、促进全国生产力的合理布局，成为实现区域共同富裕和协调可持续发展的内在要求及关键所在。如何改变制造业在沿海地区过度集聚，促使其向中西部地区转移，则成为了当前政府和学术界所共同关注的焦点话题。对此，国家做出了一系列尝试来积极引导制造业向内陆地区转移。例如，2000年启动的西部大开发战略、2004年启动的中部崛起战略以及东北振兴战略，均明确提出了相应的政策优惠措施，目的在于推动欠发达地区制造业的发展进程。

（三）世界工厂的困境与中国制造业的产业结构升级

除制造业发展的区域差异问题外，中国制造业在发展过程中还蕴含了另一大深层次的结构性矛盾，那就是长期以来依赖要素成本优势参与全球分工的产业发展模式，使得中国制造业更多只是嵌入全球生产网络末端的劳动、资本密集型生产环节而成为"世界工厂"，制造业产业结构存在高级度不够、合理化不足的弊病（王岚和李宏艳，2015；傅元海等，2016；史丹和张成，2017；黄群慧，2018）。从世界各国的发展经验来看，一些新兴工业化国家的成功在很大程度上是源于顺利实现了由低技术制造业向高技术制造业的转型升级，从而获得了更快的经济增长速度（黄群慧等，2017）。例如，20世纪50年代的日本处在中等收入阶段，产业发展重心集中在钢铁、能源、石化等重化工产业上，随着60年代日本步入高收入阶段，其产业发展重心转移至电子、计算机、医药、汽车等知识密集型的高技术产业，推动了产业结构的升级。韩国也有类似经历，70年代初期，韩国出口产品集中在纺织品、胶合板、假发等劳动力密集型的低技术产业上，在进入中上等收入阶段后，其制造业加速向资本和技术密集型产业转型，80年代后，韩国的主导产业已开始转向电子信息、汽车、造船等技术密集型的高技术产业。

经历了数十载的快速增长后，中国逐步迈入中上等收入阶段，社会主要矛盾以及发展环境都开始发生变化，要求更加注重提高经济发展的质量和效益（马晓河，2014）。近年来，中国经济进入了从高速增长转为中高速增长、从要素驱动转向创新驱动和产业结构升级为基本特征的"新常态"，培育壮大新动能、加速新旧动能接续转换，不仅直接关系全面小康社会的建成，还关系"两个一百年"奋斗目标的实现（黄群慧，2017）。从现实发展情况来看，当前中国产业发展环境已经开始发生一些显著变化，所面临的挑战日益严峻。主要包括：其一，中国制造业的发展在很大程度上是建立在劳动力无限供给的基础上，但是，从2004年开始中国已经跨过"刘易斯拐点"，人口结构发生了转变，老龄化趋势有所加强（蔡昉和李华，2013）。因此，一些传统的制造业行业开始出现"招工难"、"民工荒"等劳动力短缺问题（辜胜阻，2011），并且劳动力的工资不断上升，高出印度、越南等周边国家不少。这意味着随着产业发展"人口红利"逐渐消失（阳立高等，2014），原有依赖劳动力成本优势的产业发展路径将逐步失效。其二，经济的快速发展通常会带来环境问题，改革开放以来制造业的扩张带动了中国经济持续快速增长，但由于中国制造业总体仍集中在相对低端的领域，以劳动、资源、资本密集型产业为主，导致经济发展在很大程度上是以消耗环境为代价的（曹执令和杨婧，2013；黄志基等，2015）。一方面，产业的高速发展消耗了大量水、能源、土地等资源，单位工业增加值所对应的污染排放量和资源消耗量较大；另一方面，在 GDP 为参照的政绩考核体系下，各地方政府在激烈的竞争中为实现招商引资、追求经济增长的目标，常常会弱化环境规制对经济发展的限制，导致生态环境进一步恶化（朱晟君和王羽中，2018）。在科学发展观的引导下，中国的发展政策已经开始导向生态文明方面，环境法制法规逐渐完善，将环境问题的改善纳入政绩考核体系，这将进一步增大制造业转型升级的紧迫性。其三，2008 年以来的全球金融危机暴露了中国制造业原有发展模式所存在的一系列问题（Yang，2012；李新功，2017），出口导向型模式下的中国制造业由于市场需求锐减，部分跨国制造商纷纷将中国工厂转移至生产成本更低的东南亚等区域（Zhu，2013，2015），这也将导致大量承担"供货商"角色的本土企业遭遇倒闭潮。金融危机以来，中国制造业无论占国民经济比重抑或规模增长速度都明显趋于降低或放缓。

劳动力、环境以及金融危机等一系列问题的出现将极大地挑战中国制造业原有的发展模式，如何推动制造业由价值链的低端环节向高端环节演进，实现产业结构的转型升级成为中国制造业接下来的主要目标与方向。国家及地方政府也对此展开高度重视和积极行动，2012 年底，党的十八大提出，要推进经济结构战略性调整，推动战略性新兴产业、先进制造业健康发展，加快传统产业转型升级；2015 年 5 月，国务院做出了全面提升中国制造业发展质量和水平的重大战略部署，制订了从制造业大国向制造业强国转变的目标。而在各级地方政府政策导向下，中国制造业在区域层面的发展也呈现新动向，如北京、上海、广东等东部发达省份在 2008 年以来纷纷提出要"腾笼换鸟"，通过输出低端制造业，强化研发、服务和高端制造业，以促进本地产业结构升级。因此，中国制造业正面临严峻的产业结构升级压力，并且由于产业转移的出现，区域层面的产业结构升级态势也将呈现错综复杂的新特征，需要进一步探索。

二、研究目的与意义

（一）研究目的

结合中国制造业发展的历史实践与未来需求，本书尝试从经济地理学的空间视角出发，借鉴全球生产网络理论、产业转移理论、产业升级理论等相关理论，以企业级数据以及社会经济统计数据为基础，结合多种数理分析与空间分析方法，重点研究 1998 年以来中国制造业规模、结构高级度及协调发展的时空格局特征。研究目的包括：其一，以市域为基本分析单元，探究中国制造业规模的空间格局及演变规律，进一步将制造业按照技术水平划分为低技术、中技术、高技术制造业三类，分析不同技术等级制造业在时空格局、分布模式等方面的演变特征并对比差异性。这部分内容的目的在于评价中国作为"世界工厂"的空间演化路径，并且关注 21 世纪以来中国制造业是否在空间层面存在向西转移的趋势，为解决制造业空间分布不均的问题提供参考。其二，从国家、区域、省域、市域多重地理尺度，分析中国制造业结构高级度的时空格局及影响因素，以客观评价中国制造业的产业结构升级态势。这部分内容的目的在于评估中国作为

"世界工厂"是否实现了由低价值链活动向高价值链活动攀升的产业结构升级趋势，并且深入探讨产业结构升级的空间结构及演变规律、影响因素等相关问题，为解决制造业结构高级度不够的问题提供参考。其三，从耦合协调发展的视角分析中国制造业规模与结构高级度之间协调发展的多尺度时空格局特征，探究二者间交互协调关系的演进态势以及空间结构特征，并识别出相关问题区域。这部分内容的目的在于揭示制造业规模与结构高级度间的内在联系，为推动国家以及区域制造业实现量与质的协调发展提供参考。其四，结合上述分析所得结论，将研究的落脚点置于中国西部地区制造业发展的问题上，这部分内容的目的在于为解决西部地区制造业发展的困境、实现制造业在国家层面的有序布局提供一些思路。

（二）研究意义

将全球生产网络理论、产业转移理论、产业升级理论等多种相关理论运用到解释中国制造业的发展及转型的空间逻辑中，包括中国成为"世界工厂"以及在此过程中实现产业结构升级的空间路径、模式，并基于区域主义思想进一步探讨地方层面在此趋势中是如何应对的等。研究一方面丰富了中国制造业发展与转型的理论分析视角，另一方面以作为发展中国家的中国为研究案例也拓展了相关理论的运用范畴。本书的核心内容是以企业级数据为基础、以多种空间尺度为分析单元，从宏观、中观、微观层面系统分析了中国制造业规模、结构高级度及二者协调发展的时空格局特征，这对于实现中国制造业在区域层面的协调可持续发展以及推动传统产业的转型升级等具有一定的理论指导作用。另外，结合研究实际，本书将研究落脚点置于西部地区制造业发展的问题上，在系统阐述西部地区在制造业发展过程中所面临的主要问题的基础上，进一步以成都市为具体案例，分析西部城市如何在非均衡发展路径中实现路径突破，随后提出西部地区制造业发展的启示，可为推进制造业向西转移、实现制造业在大国内部形成"雁阵"式布局提供相关参考。

三、研究方法与数据来源

（一）研究方法

1. 空间统计分析

以国家基础地理数据库数据为基础，借助 ArcGIS10.3 软件平台，首先，采用矢量数据符号法分别对 1998 年以来中国制造业规模、结构高级度及协调发展水平进行空间可视化表达，以分析其基本分布规律。其次，为进一步明确中国制造业规模、结构高级度及协调发展水平的空间分布模式及演变趋势，采用重心分析、标准差椭圆分析、冷热点分析等空间分析工具加以考察。此外，还采用了 GeoDA 软件对制造业规模的空间分布进行了全局及局部自相关分析，以进一步明确其空间集聚特征。

2. 数理统计分析

首先，综合运用标准差指数、变异系数等统计方法分别考察了中国制造业规模、结构高级度及协调发展水平的空间差异及其演变特征。其次，结合经济合作与发展组织（OECD）及已有相关研究成果，将制造业按照技术水平划分为高技术、中技术、低技术三类，在此基础上采用改进的结构相似系数法（又称夹角余弦法）对制造业的结构高级度指数进行测算。再次，在 GeoDA 判别存在空间自相关特性的前提下，采用考虑空间相关因素的空间回归模型对城市尺度制造业结构高级度的影响因素进行分析。最后，引入了耦合协调度评价模型来计算制造业规模与结构高级度之间的交互耦合关系，并依照研究惯例，将研究区域进行协调度等级的划分。

3. 问卷调查与深度访谈

在全国尺度分析的基础上，发现西部地区已然成为当前中国制造业发展真正意义上的落后地区。当然，西部地区面积广阔，区域制造业的发展轨迹和发展模式各不相同，所在地区的经济背景、制度环境、产业基础也存在诸多差异。在归纳出西部地区制造业发展中所面临的诸多主要问题的基础上，发现包括成都市、重庆市在内的部分西部城市在全球化与地方化力量的作用下，制造业呈现出良好的发展态势，综合体现在制造业规模、结构高级度及二者间的协调关系均处在较高水平和稳定的提升路径中。因此，在考虑区域典型性、代表性以及数据可获取性的前提下，以成都市高新技术产业开发区为典型案例，采用合适的理论与方法深入剖析其在非均衡发展路径中是如何实现路径突破的，这将对整个西部地区制造业发展起到很好的示范作用。为此，笔者于 2015 年 12 月～2017 年 12 月先后三次对成都市高新区进行了长时间的实地调研，一方面，获取了部分一手资料，包括政府文件、政策文本、产业报告、媒体资料，以及成都高新区管委会地方志编撰委员会的《成都高新区地方志》和 2007～2016 年的《成都高新区年鉴》，这些资料基本完整记录了成都市高新区自建区以来的发展轨迹，很好地满足了统计性数据的需求。另一方面，对成都市高新区管委会内设的发展策划局、投资服务局、经贸发展局等部门以及部分代表性企业进行了走访，对部分政府官员和企业家进行了深入访谈，为进一步进行发展轨迹及模式的归纳提供了重要保障。

（二）数据来源

首先，研究所采用的企业数据源于国家统计局 1998～2013 年中国工业企业数据库，该数据库样本包含采掘业、制造业和电力燃气及水的生产和供应业 3 个门类全部国有企业和规模及以上非国有企业，本书采用制造业企业的产值数据作为研究的基础数据，根据平均抽样的原则，选择 1998 年、2003 年、2008 年及 2013 年为具体分析年份。为了考察不同技术等级制造业规模的空间分布特征及差异，便于计算制造业结构高级度（UPG）

指数以考察中国制造业的产业结构升级态势，还进一步采用了 OECD 的产业分类方式将制造业依次划分为低技术、中技术和高技术制造业（Hatzi-chronoglou，1997）①。在数据处理方面，根据企业所属的行业分类代码和省地县代码将企业按产业技术等级和行政单元进行归类和汇总，为实证分析提供基本数据支撑。当然，为使研究结论在年份间具有可比性，将各研究年份的制造业产值数据根据相应价格指数调整至 1998 年的价格水平。四个研究年份的有效制造业企业样本数量分别为：1998 年 127009 家、2003 年 171035 家、2008 年 382436 家、2013 年 319653 家。

其次，研究所采用的区域、省域及市域的社会经济指标主要源于相应年份的《中国统计年鉴》、《中国城市统计年鉴》、《中国开发区统计年鉴》、《新中国 60 年统计资料汇编》，还包括了相关行政单元的国民经济与社会发展统计公报等，对统计数据不完整的行政单元则通过前瞻数据库及所在省份统计年鉴进行补充。另外，中国省、市等行政边界的矢量图层数据由国家测绘地理信息局网站下载所得，考虑到研究期内的行政区划调整因素，还以 2008 年的行政区划方案为基准，对剩余年份的地级行政单元边界进行了修正。由于数据缺失，研究不包括香港特别行政区、澳门特别行政区、台湾省，最终纳入分析的地级单元数为 342 个。

最后，在成都市案例分析中所采用的部分一手资料，如《成都高新区地方志》、《成都高新区年鉴》等，主要是通过笔者的实地调研及成都市相关部门网站下载所得。

---

① 低技术制造业包括食品加工制造、饮料、烟草、纺织、服装、皮革、木材、家具、造纸、印刷、文体用品、工艺品及其他制造业；中技术制造业包括石油加工、炼焦及核燃料加工、塑胶制品、非金属矿物、黑色金属冶炼、有色金属冶炼、金属制品；高技术制造业包括通用设备、专用设备、交通运输、电气机械及器材、通信电子、仪器仪表及文化办公机械、化工、医药。

四、研究框架与研究内容

（一）研究框架

结合研究需求，本书将地理学、经济学等多学科理论与方法运用到分析和解读中国制造业发展与转型的空间逻辑中，尝试通过理论梳理—实证分析—案例解读的研究框架，进而达到提出问题—分析问题—解决问题的目的。首先，系统梳理中国制造业空间发展与转型相关的背景、理论及研究进展，在此基础上深入剖析中国制造业规模、结构高级度及协调发展的过程、格局与机制，并对西部地区制造业发展的问题、经验与启示进行了详细探讨。根据上述研究框架，全书主要从七个方面展开，技术路线如图1-1所示。

（二）研究内容

根据上述研究框架，本书包括以下四方面主要内容，共分为七章：

（1）第一部分为绪论，对应第一章。内容包括研究背景、研究目的与意义、研究方法与数据来源、研究框架与研究内容等。

（2）第二部分为理论基础与研究综述，对应第二章。内容主要包括对制造业发展及转型的相关概念、理论模型及研究视角进行系统梳理与总结。

（3）第三部分为实证部分，对应第三至第六章。第三章主要通过制造业企业级数据，对中国制造业及不同技术等级制造业的时空格局展开系统分析，凝练其空间分布模式及变化特征；第四章主要构建用以测度制造业从低价值链活动向高价值链活动攀升的指标——制造业UPG指数，对中国从国家到地市的制造业结构高级度指数进行测算，归纳出空间结构的演变趋势，并且采用科学的空间计量方法探明城市尺度制造业结构高级度指数的影响因素及影响机制；第五章主要引入合理的测度方法——耦合协调度评价模型对中国不同尺度制造业规模与结构高级度之间的耦合协调发展关系进行系统测算，分析其多尺度的时空演变特征，识别相应的问题区域；第六章将落脚点置于西部地区制造业发展的问题上，剖析当前西部地区制造业发展过程中所面临的核心问题，以成都市为具体案例，分析西部城市如何在非均衡发展路径中实现路径突破，提出未来西部地区制造业发展的主要启示。

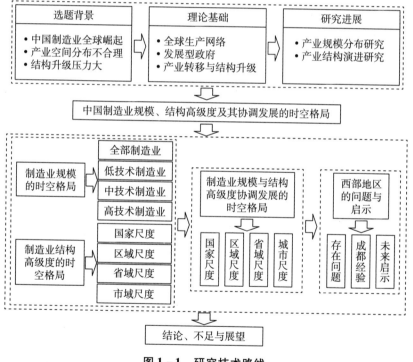

图1-1 研究技术路线

（4）第四部分为结论与展望，对应第七章。总结了研究结论，提出了可能存在的创新点，指出了在研究过程中存在的不足之处和未来研究方向。

第二章

理论基础与研究综述

一、基本概念辨析

（一）制造业及其分类

制造业作为一种国民经济行业类型，在三大产业分类中被归在第二产业的范畴内。从定义来看，制造业是指对采掘的产品和农产品等在内的原材料进行加工或再加工，以及对零部件进行装配的工业部门的统称，是技术的载体和转化的媒介（孙汉杰，2016）。中国的《国民经济行业分类》国家标准于 1984 年首次发布，随后为适应产业结构调整的需求并与国际标准接轨，先后于 1994 年、2002 年、2011 年、2017 年经历了四次修订过程。中国现行的制造业分类依据是 2017 年国家统计局第四次修订的《国民经济行业分类》（GB/T 4754—2017），根据规定，不论是动力机械制造或手工制作，也不论产品是批发销售或零售，只要是经物理变化或化学变化后成为新的产品，均视为制造。具体而言，制造业包括国民经济行业分类代码位于 13～43 的 31 个大类，具体行业名称及对应代码如表 2-1 所示。

表 2-1 制造业行业名称及对应代码

行业名称及对应代码	行业名称及对应代码	行业名称及对应代码
农副食品加工业（13）	食品制造业（14）	酒、饮料和精制茶制造业（15）
烟草制品业（16）	纺织业（17）	纺织服装、服饰业（18）
皮革、毛皮、羽毛及其制品和制鞋业（19）	木材加工和木、竹、藤、棕、草制品业（20）	家具制造业（21）
造纸和纸制品业（22）	印刷和记录媒介复制业（23）	文教、工美、体育和娱乐用品制造业（24）
石油、煤炭及其他燃料加工业（25）	化学原料和化学制品制造业（26）	医药制造业（27）
化学纤维制造业（28）	橡胶和塑料制品业（29）	非金属矿物制品业（30）
黑色金属冶炼和压延加工业（31）	有色金属冶炼和压延加工业（32）	金属制品业（33）
通用设备制造业（34）	专用设备制造业（35）	汽车制造业（36）
铁路、船舶、航空航天和其他运输设备制造业（37）	电气机械和器材制造业（38）	计算机、通信和其他电子设备制造业（39）
仪器仪表制造业（40）	其他制造业（41）	废弃资源综合利用业（42）
金属制品、机械和设备修理业（43）		

除参考各国制定的行业分类标准外，学术界通常还以生产活动中的生产工艺、流程等为标准对制造业进行分类，另外，根据研究需求还会通过产品生产过程中所投入的资本、劳动、技术等要素的水平进行分类。根据鲍曙明和张同斌（2017）的归纳，被广泛采用的分类方式包括以下几种：

1. 根据行业的发展阶段进行分类

主要包括：①霍夫曼分类法，即以 75% 为标准，当某行业有超过 75%

的产品用于消费时则为消费品行业，当有超过75%的产品用于投资时则为资本品行业，从而将制造业分为消费资料工业、资本资料工业和其他行业三类。②钱纳里—泰勒分类法，即按照不同发展阶段将制造业分为初期行业、中期行业和后期行业三类。

2. 根据产业的关联度进行分类

该分类方式主要是基于产业间投入产出关系而编制的投入产出表，计算产业关联的各种指标，从而反映出制造业的发展阶段及特征，在此基础上实现对制造业的分类。在具体操作中通常根据需求，以两个重要系数——直接消耗系数以及直接分配系数的最大值为标准对产业进行分类，也可以分别从产品供给以及产品需求的角度对产业部门进行分类。

3. 根据资源密集度进行分类

该分类方法在当前研究中的运用最广泛。主要包括：①按照要素密度分类，即以各行业所投入要素中占比最高的要素为标准对行业进行分类，制造业通常可分为劳动力密集型产业、资本密集型产业和技术密集型产业，这三类产业在生产过程中分别对劳动力、资本和技术的依赖程度最高。另外，也有专门按照各行业所投入技术程度进行分类的，如经济合作与发展组织依照产业技术水平将制造业分为低技术、中低技术、中高技术及高技术产业四类，该分类方法在学术界运用相当广泛。总体而言，按照要素密集度进行产业分类的方式可以反映出各类制造业产业政策的差别，以及不同国家和区域制造业产业结构升级路径的差异。②按照能源消耗强度分类，即根据行业的能源消耗情况对制造业进行分类，主要目的在于为以保护资源环境为目标的制造业产业结构优化升级提供参考。

4. 其他分类法

主要包括：①生产流程分类法，即根据生产先后顺序划分产业类别，通常将制造业分为上游产业、中游产业和下游产业三类。②发展趋势分类法，即按照制造业的发展趋势划分为朝阳产业和夕阳产业两类。其中，前者主要指一些新兴制造业，这类产业的技术创新能力较强并且发展前景较好，代表未来的产业发展趋势。后者主要指一些逐渐衰退的传统制造业，这类产业通常市场需求不断萎缩，产业收益率较低。

（二）产业结构与产业结构高级度

尽管产业结构一词在日常生活中以及学术研究中被广泛应用，但当前学术界对于产业结构的概念尚未形成统一认识。在《现代产业经济学辞典》中，产业结构被定义为各产业部门内部与部门之间相关行业及企业间的构成，及其相互制约的联结关系。李悦和孔令丞（2002）分别从发展形态和产业联系的角度对产业结构进行了定义，从产业发展形态角度来看，产业结构是指国民经济各产业中资源配置效率的变动关系，从产业联系角度来看，产业结构是指产业间技术、经济的数量比例关系。戴伯勋和沈宏达（2001）认为，产业结构是指各产业之间的生产技术经济联系和数量比例关系。此外，还有大部分学者认为产业结构就是在经济系统运行中各产业之间所呈现的经济联系及关联结构（刘志彪和安同良，2002；潘宇瑶2016）。综上所述，广义上的产业结构有两种存在形式，分别为产业之间的数量比例关系以及产业之间的投入产出联系，本书主要以前者的形式研究制造业产业结构，即产业结构是指制造业各产业部门的构成及相互间的数量比例关系。

产业结构高级度也即产业结构的高级化程度，可以用来测度产业系统通过技术创新等方式实现产业结构由低级形态向高级形态演进的过程。产业结构高级度的提升实际上包括了两方面的内涵，一是比例关系的演进，二是劳动生产率的提升，因此，产业结构高级度是否提升是衡量产业结构是否升级的重要途径。具体而言，当某个国家或地区在一定时期内的产业结构高级度得到了提升，则表明其产业结构处在高级化的路径中，由此可以认为其产业结构获得了升级；反之，如果产业结构高级度有所下降，则表明其产业结构处在背离高级化的路径中，或者说其产业结构有所降级。产业结构高级度可以从以下几方面进行测度（刘伟等，2008）：首先，产业结构的服务化程度，主要用来反映产业结构的发展沿第一产业递次向第二产业、第三产业演进的态势。其次，产业结构的集约化程度，主要用来反映产业结构的发展沿劳动密集型产业递次向资本密集型产业、技术密集型产业演进的态势,或者由低技术产业递次向中技术产业、高技术产业演进的态势。再次,产业结构的附加值程度,主要用来反映产业结构递次由低附加值产业向中附加值产业、高附加值产业演进的态势。最后,产业结构的加工化程度,主要用来反映产业结构由初级产品递次向中间产品、最终产品演进的态势。

一个区域的产业结构高级度水平通常是该区域资源禀赋、发展基础、政策因素和科技水平等多种要素综合作用的结果,产业结构高级度会伴随以上要素的变化而变化。一般而言,处于初级发展阶段的区域通常劳动力、资源较为丰富但科技水平相对较低,产业结构多处在低级形态,表现为第一产业、劳动密集型产业、低附加值产业或者低技术产业在整个产业体系中占据较大比重,导致产业结构高级度水平较低。随着经济的发展以及科技水平的提升,区域的产业结构也会相应进行调整,优势产业不断提升而劣势产业不断下降,促使原有主导产业不断被更高技术水准和效率的产业所取代,驱使产业结构高级度的提升,表现在第三产业、技术密集型产业、高附加值产业、高技术产业在整个产业体系中的占比不断提高,从而实现产业结构向高级形态跃升。

(三) 协调与协调发展

从系统论的角度来看,协调是指系统内部、各子系统或者系统各要素之间表现出合作、互补、同步等多个层面的良性互动关系,这种良性互动关系能形成良性循环,最终达到系统整体、子系统之间以及子系统各要素之间的整体最优效应(吴玉鸣和柏玲,2011;李江苏等,2014)。协调的概念具有多种内涵:首先,协调是多层次的协调,其中既包括系统内部各要素之间的协调,也包括系统之间各自发展状态的协调,还包括所有系统整合后的共生协调;其次,协调是动态的协调,体现在系统内部的组成要素是不断变化的,并且系统之间的相互影响、相互制约的关系也不是一成不变的,系统整体呈现的协调状态也是动态变化的;再次,协调是复杂的协调，这是由内涵的多层次性与过程的动态性所共同决定的；最后，协调是有目标的协调，也就是说，协调不是各系统间随意的协调，而是以追求系统整体利益最大化为目标，具有明确目的性的协调。

从现实情况来看，系统中各子系统和构成要素及系统与外部环境在相互作用过程中总是存在着种种矛盾，导致处在不协调的状态，只有不断进行调解，才能保持系统之间的协调关系，达到系统的整体最优效应（宋颖，2017）。协调发展是指系统之间或者系统内部各要素之间不断消除矛盾，和谐一致地由低级到高级、由简单到复杂的不断深化的变化过程。协调发展具有多元的发展方向，是有益约束和规定的发展，是一种强调整体性、综合性、内生性的发展聚合（隋映辉，1990；李鹤等，2007）。自20世纪70年代末以来，中国政府历来将协调发展作为经济发展过程中的目标之一，并且协调发展的内涵也随着经济发展阶段的深化而得到不断拓展，在七届人大四次会议的政府工作报告中首次提出"协调"的概念，并将"协调"（发展）定义为"按比例"（发展），党的十六届三中全会则对"协调"的概念进行了拓展，将"协调"作为科学发展观的内在核心，强调五个统筹。另外，协调度是用来度量系统之间或者要素之间协调发展状态和发展水平的定量指标，反映了系统从无序到有序的变化发展趋势和程度（熊建新等，2014），协调度的具体测度模型通常包括隶属函数协调度模型、数据包络分析、生态足迹模型、耦合协调度模型、灰色系统模型等。

二、相关理论基础

（一）全球生产网络理论

随着经济全球化和全球经济一体化进程的深化，全球产业分工模式逐渐由垂直一体化生产过渡为水平一体化生产，大部分商品的生产不再局限于由单个国家或者单个企业完成，而是由跨国公司主导将商品按价值链进行分解并由一系列分布于不同国家及地区的不同企业相互链接共同完成，从而构成了网络状的生产结构（刘逸，2018）。由此，随着生产活动在全球层面的分解和重构，用以解释该现象的全球生产网络（Global Production Network，GPN）理论应运而生并广泛运用。当前，全球有多达80%的贸易通过全球生产网络的形式而完成，因此，全球生产网络已成为全球经济运行的"中枢神经系统"（杨伟聪和王长建，2017）。

从概念上看，全球生产网络是指一组控制生产的组织和分布、在功能和运作上相互联系的企业网络（Dicken et al.，2001；Henderson et al.，2002），本质上体现的是生产过程的全球空间分工。从理论脉络来看，全球生产网络理论主要生根于 Porter（1990）所提出的价值链理论，以及 Gereffi 等（1994，2001，2005）所提出的全球商品链理论（Global Commodity Chain，GCC）和全球价值链理论（Global Value Chain，GVC）。尽管 GPN 理论与 GCC/GVC 理论的核心存在内在一致性，即均试图描述一种通过生产、分配和消费特定产品或服务而在功能、运作和交易上所形成的错综复杂的联系。但是，GPN 理论在很大程度上超越了 GCC/GVC 理论的原有框架，主要体现在（Coe et al.，2008）：其一，GCC/GVC 理论本质上描绘的是一种线性结构，而 GPN 理论则在很大程度上致力于通过整合所有类型的网络配置（Network Configuration）来突破线性的限制。其二，GCC/GVC 理论主要聚焦于企业间交易如何管制和治理的问题，而 GPN 理论的分析框架则加入了所有相关的行动者及关系。

全球化时代，区域发展的核心动力机制逐渐由新区域主义理论所侧重的内源性因素转变为复杂的全球化和区域发展之间的动态关系，区域经济的轨迹越来越被视作一个跨地区增长和变化的动态过程，在此过程中多层级因素和机制相互影响（杨春，2011）。由此，区域竞争力不再取决于资源禀赋、技术水平、制度环境等内生性因素的优势度，而是取决于该区域是否融入这个跨越地域边界的生产网络，并且能否在生产网络中占据有利位置。在此背景下，全球生产网络理论逐渐成为理解全球化背景下区域与地方发展的动因、轨迹及模式的主要理论工具，经济地理学者研究的全球生产网络主要是解析经济生产空间组织的基本格局、组织结构和网络动态，尤其是通过嵌入性、网络关系的类型和权力的不对称性来解释经济活动的空间规律。随着区域发展阶段的演变，全球生产网络理论本身以及所研究的重点领域也发生了部分变化。根据杨伟聪等（2017）的归纳，全球生产网络（GPN）理论及研究重点大致经历了两个演化阶段：第一，2001～2011 年的 GPN 1.0 阶段，该时段的 GPN 理论主要用来理解区域发展的两大关键性问题，分别为区域升级以及全球—地方互动，前者强调的是嵌入全球价值链如何影响产业升级与区域发展，后者强调的是区域与地方的发展轨迹如何在全球经济背景下得到更好的解释。总体来看，该阶段的全球生产网络理论主要强调的是跨国主义、团队协作以及超越小范围地理边界的联系。第二，2011 年以来的 GPN 2.0 阶段，除关注区域和社会的升级问题外，该时段的 GPN 理论所关注的主题还包括战略耦合（Strategic Coupling）、路径依赖与锁定、脆弱性与弹性等。其中，战略耦合是全球生产网络理论中最核心的概念之一，全球生产网络视角下区域内部与外部因素，也即地方化因素与全球化因素之间如何实现战略耦合，已经日益成为理解经济全球化背景下区域发展尤其是发展中国家及地区发展的重要理论框架（Henderson et al. , 2002；Coe et al. , 2004；Wei, 2015；Pavlínek, 2018）。

（二）发展型政府理论

长期以来，政府在促进发展中国家及地区经济增长和社会进步中所扮演的角色一直都是备受政界和学界关注的话题。自第二次世界大战结束后，随着众多非洲和亚洲国家的独立，国际社会开始出现一种新的以政府为主导的发展模式，这种发展模式的核心旨在通过一系列强烈的、有目的性的政府干预行为快速实现工业化（Fritz & Menocal, 2006）。自 20 世纪 40 年代末以来，拉丁美洲、非洲、东欧的众多国家在不同时期都先后试图通过强化政府干预来快速推动社会经济的发展转型并实现工业化，这种发展模式在短时期内获得了一定成效同时也得到了联合国等国际组织的认可。但70年代末以来，很多采用政府干预经济发展模式的国家由于一些不当操作导致经济系统运行效率低下，难以实现可持续发展，并带来一连串的经济危机。其后，学者开始反思政府干预经济这种发展模式所带来的诸多弊端，重新强调了市场在经济发展中的重要性。

然而，自20世纪90年代中期以来，东亚地区的发展轨迹为重新理解政府如何在经济发展中成功扮演重要角色提供了新的认知（Amsden，2001）。许多亚洲国家和地区在政府主导发展方面有着与拉美、非洲、东欧所不同的经验，如亚洲"四小龙"——中国香港、新加坡、韩国和中国台湾在短短30余年实现了经济的高速增长和社会的重大转型，从20世纪60年代的农业经济时代转变为20世纪90年代的高科技工业经济时代（World Bank，1993）。随后，这种政府主导发展模式所获得的成功经验及产生的发展理念在亚洲地区不断扩散，包括中国等其他国家也开始采用这一发展模式。东亚地区的案例使得学界越来越认可政府的政策导向和行动效率已经成为解释一个国家能否取得成功的关键变量（Amsden，1979，1989；Huff，1996；Greene，2008；Chu，2016）。为了解释亚洲尤其是东亚国家和地区采用政府强干预经济模式带来的经济繁荣景象，发展型政府作为一种理论被提出和不断完善。Johnson于1962年在《通产省与日本奇迹》一书中率先提出了发展型政府这一概念，他将日本发展中所取得的成就归功于采取了政府计划和自由市场的有机结合模式，从而构成一种有别于苏联的中央计划性模式和美国的自由市场模式的独特发展模式（约翰逊，2010）。随后，经不同学者的丰富和完善，发展型政府理论已经成为研究东亚政府干预与经济增长之间关系的重要理论工具。

从概念上看，发展型政府是指发展中国家在向现代工业社会转变过程中，以推动经济发展为主要目标，以长期担当经济发展的主体力量为主要方式，以经济增长作为政治合法性主要来源的政府模式。发展型政府通常具备以下几个基本特征：一是政府在组织力量方面具有"强政府"的特征；二是政府在组织目标方面具有"优先发展经济"的特征；三是政府在组织行为方面具有"能够自主英明地制定产业政策"的特征。其中，作为前提的是，一个发展型的政府必须要有能力控制大部分领土，拥有能够设计和执行政策的核心能力以及具备制度性的、远见性的发展认知（Ghani，2005）。从中国的发展实践来看，早在计划经济时期，发展型政府的逻辑便有迹可循，如政府实施了一系列推进工业部门跨越式发展的政策（张斌，2016），通过计划指令先后开展了 20 世纪 50 年代的 156 项工程、20 世纪 60 年代的三线建设和 20 世纪 70 年代成套引进大项目三轮开发，成为影响当时中国经济发展和工业布局的主要原因。改革开放以来，中国政府在社会经济发展中更是扮演着关键的角色，政府通过动员国家资源并凭借强大的组织力量深刻影响社会经济发展，调整资源在空间和产业部门间的配置，一方面，采取渐进式的市场化改革和对外开放政策发展经济，另一方面采用复杂的政策组合扶持工业部门。在上述市场力量与政府力量的结合下，中国随后实现了快速工业化进程，工业化水平迅速赶超西方大国。由于政府通常被认为是促进中国经济腾飞的重要推动因素，因此，国内外学者普遍认为特定制度框架下的中国政府实际上就是一种发展型政府（Tien，1989；Jean，1995；Lin & Monga，2011）。

（三）产业转移理论

从产业发展的角度来看，一个国家或地区产业发展的竞争力会随着发展阶段、要素禀赋、政策环境以及产业自身因素的变动而处于动态变化的状态，当区域产业竞争力优势发生变化并达到一定阈值时，产业区位在市场的作用下就会适时进行重新选择和调整，形成产业转移（李然，2016）。从概念上看，产业转移是指某一产业、产品或者产品的某个特定工序在空间布局上的调整及变迁，是优化生产力布局、实现生产空间分工的主要途径（赵建吉等，2014；靳卫东等，2016）。产业转移的驱动机制包括政府驱动型转移以及市场驱动型转移，前者是政府为引导产业空间合理布局，避免产业在空间上过于极化而采取政策措施适时引导产业转移，后者是企业为达到盈利目的，通过权衡区域要素禀赋、生产要素、市场竞争等因素后而发生的自发转移行为（宋炳林，2014；金利霞等，2015）。产业转移的模式在很大程度上是由国际分工模式所决定的，随着国际分工经历了由行业间到行业内部不同产品，再到同一产品的不同工序不断细化的过程，产业转移也相应经历了由行业间到行业内部不同产品，再到同一产品的不同工序的空间变迁过程（张少军和刘志彪，2009）。自20世纪后半期以来，国际分工的不断深化使得产业转移成为全球以及区域经济发展过程中普遍存在的现象，20世纪50年代美国大规模向日本、联邦德国等国家转移钢铁、纺织等劳动力以及资源密集型产业，开启了全球大规模现代化产业转移的先河。而自20世纪70年代以来，由于产品按照工序以及价值链进行水平分解成为可能，跨国公司主导的新国际分工模式开始建立，全球层面更是出现空前规模的产业转移现象，大量生产、制造基地从老的工业化国家转移至亚洲"四小龙"、中国、东南亚等新兴发展中国家和地区。产业转移一方面推动了国际分工的实现，另一方面也促进了经济的增长，激发了学界的广泛关注，学者从不同角度提出了多种产业转移理论，其中，具有代表性和影响力的理论主要有飞雁模式理论、产品生命周期理论、边际产业转移理论以及国际生产折中理论等。

1. 飞雁模式理论

飞雁模式理论是对区域间经济发展不平衡、产业发展具有明显空间梯度现象的描述（李绍荣和李雯轩，2018），该理论于20世纪30年代由日本著名经济学家 Akamatsu（1962）提出，经过 Okita（1985）、Kojima（2000）、Ippei（2001）等的完善后，已经形成一个较为完整的关于产业转移现象的理论解释。赤松要的飞雁模式理论是对战后日本纺织产业的发展模式进行归纳而得出的，通过研究作者发现，日本纺织业的发展模式先后经历了进口—国内生产—出口的变化过程，在图上表示形似飞翔的雁阵，因而命名为飞雁模式。

飞雁模式理论描述了开放经济环境下后发国家及地区通过利用比较优势的变化实现工业赶超的一般路径：初期阶段由于国内生产能力有限，一般是通过产品进口来满足本地市场需求；随着国内生产能力开始提升，一般是通过进口设备并自行生产以满足本地市场需求；随着生产能力的进一步提升，国内生产的产品难以被本地市场完全消化，多余的产品开始向国外出口。飞雁模式在被广大学者所接受后被进一步引申，广泛用于解释东亚地区的产业空间发展模式，即日本作为领头雁，其余东亚及东南亚国家及地区在相互影响、相互波及中实现产业在时间和空间上递次继起的现象（蔡昉，2009）。实践中，飞雁模式具有以下三个特点：一是空间上的转移承接，即产业由经济发达地区向不发达地区进行转移和扩散；二是时间上的先后承接，即转移的产业先在经济发达地区发展，随后根据要素禀赋的比较优势或者规模经济效应的变化转移到欠发达地区；三是产业链和生产技术的动态位移，即某个产业中的核心技术或是核心子产业并不转移，而是将非核心的部分向经济欠发达地区逐渐转移（李绍荣，2018）。飞雁模式理论被部分中国学者所接受并且认为该理论可以用于解释和指导中国的产业转移实践。例如，蔡昉（2009）认为，与一般小国不同，中国幅员辽阔，地区间发展水平、要素禀赋、技术水平均存在明显的空间梯度差异，区域内部的异质性使得飞雁模式理论可以用来解释中国区域间产业发展的不均衡现象，通过构筑大国内部的飞雁模式实现产业在一个独立经济体内部地区之间的转移。

2. 产品生命周期理论

产品生命周期理论最早由美国经济学家 Vernon（1966）针对发达国家和地区的产业转移现象所提出。他发现发达国家会通过将部分低端产业转移到其他国家和地区并专注于发展高端产业，从而保持产业的发展效率以实现产业升级，这主要是由于产品自身具有周期性的动态变化特征，而产业转移则是为了避免某些产品在生产上的比较劣势。产品生命周期理论认为，类似人的生命，产品也具有一定的生命周期，伴随着生产能力、技术水平、市场需求的变化，产品通常会由技术密集型依次转变为资本密集型和劳动力密集型。同时，由于产品在不同阶段的发展潜力和发展效率不同，对于生产要素的需求也有所不同，由此引起产业在不同要素禀赋的国家和地区间进行分工和转移。

具体而言,产品根据生命周期可以相应划分为创新阶段、成熟阶段和标准化生产三个阶段(陈秀山和张可云,2003)。创新阶段的产品生产对于技术的要求极高,多品种、小批量的生产技术至关重要,在此过程中还需要高素质的企业家、技术人员以及高密度的风险资本加以保障,该阶段的研发、生产和销售过程主要是在创新国内部完成。成熟阶段对于技术的要求开始降低,主要目的是通过大批量生产和标准流程开发以降低生产成本并获得规模经济,在此过程中需要丰富的物质资本和熟练的技术工人作为支撑。同时,由于国内市场趋于饱和,创新国的企业日益重视拓展国外市场,为了降低运输成本,通常会选择在管理、资本、技术、市场水平较高的一般发达国家进行直接投资。标准化生产阶段的产品生产技术已经完全成熟,仅需开发部分应用型技术以降低成本,对于劳动力素质的要求也大大降低,产业开始转为劳动力密集型,生产成本成为影响此时产业分布的核心因素。由于一般发达国家的生产成本相对较高,因而创新国将进入标准化阶段的产品生产转移至廉价劳动力资源丰富的发展中国家。

3. 边际产业转移理论

日本经济学家 Kojima(1987)基于对日本和美国等发达国家对外投资问题的研究,于 1977 年提出了著名的边际产业转移理论。边际产业转移理论的核心内涵在于,对外直接投资应该首先从投资国的边际产业,也就是已经处在比较劣势或即将处在比较劣势的产业开始,根据产业的边际程度依次向外转移(彭红斌,2001)。边际产业之所以能够向外转移,是相对于投资国而言的,考虑到全球各国产业发展阶段存在的明显差异,投资国的边际产业相对部分发展中国家及地区而言依然具有明显比较优势。另外,所谓的边际产业通常是一个广义上的概念,如由于产业发展阶段的提升,劳动力密集型产业更易处在比较劣势,因而成为边际产业;在劳动力密集型产业中,有某些企业首先处在比较劣势,因而成为边际企业;在同一产品的生产过程中,有某个生产阶段首先处在比较劣势,因而成为边际生产阶段(刘祥生,1992)。换言之,上述边际产业、边际企业以及边际生产阶段都可以从广义上理解为边际产业。边际产业转移理论在很大程度上丰富了产业转移的理论基础，也为解释和指导发展中国家及地区的产业变迁与转移提供了有力的理论支撑。

4. 国际生产折中理论

国际生产折中理论由英国经济学家 Dunning（1981）提出，他在吸收已有研究的基础上，从不同角度解释了企业的跨国投资行为，分析了国际生产的模式、影响因素等，从而构建了较为完整的企业跨国投资行为的理论分析框架。国际生产折中理论中最核心的三大理论支柱分别为企业的所有权优势、内部化优势和区位优势，作为企业进行对外投资的动因和条件（朱刚体，1987；阎建东，1994；邵予工，2008）。国际生产折中理论的核心内容可以简单概括为："对外直接投资 = 所有权优势 + 内部化优势 + 区位优势"。其中，所有权优势是指东道国竞争者所不具备的比较优势，这是企业进行跨国投资和国际生产的基础条件，具备这种比较优势通常能够抵消或者大幅度降低企业海外运营的附加成本和治理风险。内部化优势是指企业能够将资源内化为特有优势的能力，在非完全竞争市场下，具备这种优势可以降低企业运营成本。此外，企业在具备所有权优势和内部化优势的基础上，展开对外投资活动还必须考虑东道国的区位特定优势，包括贸易障碍、外资政策、劳动力成本、市场规模等。

（四）产业结构理论

产业结构理论的渊源来自 William Petty 对于世界各国国民收入水平差异与经济发展阶段的论述，他认为各国经济发展阶段以及国民收入水平的差异主要是由于产业结构的变化所导致。在 Petty 研究的基础上，20 世纪30 年代开始系统形成真正意义上的产业结构理论，该时期英国经济学家 John Clark 以及美国经济学家 Simon Kuznels 对于产业结构理论的形成做出了重要贡献。随后，产业结构理论在五六十年代得到了进一步的发展，这一时期的理论贡献者主要包括 Wassily Leontief、William Lewis、Albert Hirschman、Waltw Rostow 等。具有代表性和影响力的产业结构理论主要包括配第—克拉克定理、库兹涅茨法则、钱纳里标准结构、罗斯托主导产业理论等。

1. 配第—克拉克定理

配第—克拉克定理是由英国经济学家 Petty 于 17 世纪所提出（威廉·配第，2010），随后经由 Clark（1940）进一步发展而形成的产业结构理论。该理论认为，劳动力在三次产业间的分布结构会随着产业之间的收入差异而发生变化，在人均国民收入不断增长的过程中，劳动力呈现逐渐由第一产业向第二产业再向第三产业依次转移的规律（于刃刚，1996）。在人均国民收入较高的国家，第一产业劳动力所占的比重较低，劳动力主要集中在第二、第三产业；在人均国民收入较低的国家，劳动力主要集中在第一产业，而第二、第三产业的劳动力所占比重较低。配第—克拉克定理可以很好地反映社会经济进步过程中"产业软化"的趋势，有助于揭示经济发展的内在特征，成为研究产业结构相关问题的主流指导理论之一。当然，随着产业发展阶段的不断演进，学者开始反思基于三次产业分类法制定的产业结构调整目标的合理性，认为一个国家在工业化中后期阶段的产业结构调整的合理性和有效性难以完全通过配第—克拉克定理得以反映（王东京，2017）。

2. 库兹涅茨法则

在配第—克拉克定理的基础上，Kuznels 在其《国民收入及其构成》一书中对产业结构理论做了进一步的探讨，根据不同产业在生产过程中对于要素的依赖程度和需求种类的差异，他用农业、工业、服务业替代了第一、第二、第三产业（库兹涅茨，1985）。库兹涅茨法则认为，在人均国民收入不断提高的过程中，劳动力在三次产业间的比重分布也会发生相应变化，一般而言，农业劳动力在总劳动力中所占的比重会不断下降，工业所占比重大体不变或略有上升，而服务业所占比重则会明显上升。由于库兹涅茨法则与配第—克拉克定理的理论基础都是基于三次产业划分法，且产业结构变动的衡量标准都是基于产值或劳动力在三次产业中的分布情况，因此库兹涅茨法则与配第—克拉克定理具有高度的内在一致性。

3. 钱纳里标准结构

钱纳里标准结构是由美国经济学家 Chenery 在对 101 个国家在 1950 ~ 1970 年经济增长与产业结构演变之间关系进行深入研究后所提出的，他通过计量回归模型构建出了某一类国家在某一经济发展阶段的各种经济变量的标准结构，经济发展不同阶段对应了经济结构不同的标准数值（钱纳里，1988）。在分析过程中，将复杂的经济发展过程进行了分解，划分为包括投资、政府收入、生产结构、城镇化等在内的 10 种基本类型，用以表征经济发展过程的结构变化，在此基础上通过实证分析得出每种结构变量随人均收入增长而变化的轨迹曲线和关系参数，即正常发展型式，用以分析不同国家在经济发展过程中结构变化所呈现的共性和特性（陈明星等，2013）。钱纳里标准结构在一定程度上为判断不同国家和地区经济发展过程中产业结构是否"正常"提供了参考规范，也为不同国家和地区根据经济发展目标制定产业结构政策提供了理论依据（唐乐，2016）。

4. 罗斯托主导产业理论

美国经济学家 Rostow 通过对西方国家主导产业的形成过程和驱动机制进行经验总结，于 1956 年提出了主导产业理论（罗斯托，1962）。他认为，国民经济的增长率在一定程度上取决于某些关键性部门的增长效率及其所能带来的间接效应，每个经济发展阶段都有与之相适应的主导产业部门（刘颖琦等，2006）。从概念上看，主导产业是指能够依靠科技进步或创新获得新的生产函数，并且通过快于其他产业的"不合比例增长"有效地带动其他相关产业快速发展的产业或产业体系（王仲智，2005）。一个产业要成为主导产业，一般需要同时具备三个特征，即依靠科技进步或创新引入新的生产函数；形成持续高速的增长速度；具有较强的产业扩散效应。从驱动机制来看，主导产业在推动经济增长中的作用包括两个方面（左鹏飞，2017）：其一，通过主导产业的更替为经济增长注入直接动力，不同发展阶段所对应的主导产业有所不同，主导产业一般先后经历工业、服务业、信息业、金融业等行业的变化；其二，通过主导产业所释放的扩散效应为经济增长提供间接动力，主导产业可以通过前向联系、后向联系和旁侧联系等方式与产业体系内部其他部门产生联系，带动其他部门以及整个产业体系的不断发展。

三、国内外研究综述

（一）制造业规模的时空格局研究

制造业规模的空间分布主要反映的是制造业部门在地域空间上的分布与组合情况，是经济系统在空间层面动态发展演化的具体表现，一直以来受到经济地理学以及产业经济学等学科的重点关注。对制造业规模的时空格局展开系统研究有助于识别制造业空间分布的合理性和存在的问题，为引导区域产业的合理分工、优化产业空间布局以及实现区域间的协调发展提供参考（陈秀山和徐瑛，2008；毛琦梁等，2013）。国内外学者对于制造业规模时空格局问题展开了大量研究，研究脉络主要包括：其一，分析地区以及行业层面产业规模分布的时空格局；其二，探讨产业规模分布背后的影响因素以及驱动机制。

1. 国外研究

自 Marshall（1890）提出产业集聚理论以来，制造业在空间上的集聚与分布问题成为西方学者所关注的焦点话题。由于新贸易理论、新经济地理理论等理论上的新突破，并且区域一体化进程推动了生产要素的流动以及国际贸易的增长，自 20 世纪 90 年代以来，制造业规模在国家以及区域间的空间分布问题重新引起了西方学者的广泛兴趣。伴随理论模式的深入推进，大量学者试图通过实证分析验证上述理论的适用性，相关研究主要集中在欧洲、美国等发达国家及地区。

从制造业的空间集聚与分布情况来看，由于贸易政策的变化在很大程度上会导致生产要素在空间以及部门间重新分配，学者广泛关注的是欧盟扩张、北美自由贸易区协定等重大区域一体化行动对于区域及国家内部产业空间布局的影响。包括 Ellison 和 Glaeser（1994）、Kim（1995）、Amiti（1997）、Dumais 等（2002）、Combes 和 Overman（2004）等基于国际贸易、区域一体化的背景，对美国、欧盟等地区的产业区域分工和专业化等问题展开了大量实证研究，发现随着区域一体化进程的深化，美国的产业集聚程度和专业化水平均有所下降，而除法国、葡萄牙、西班牙外的大多数欧盟国家的专业化水平在 20 世纪 70 年代有所上升，但集聚程度在 20 世纪 80 年代稍有下降。再从欧盟与美国的对比来看，Krugman（1991）通过将美国四大区域与欧盟四大国的就业数据进行对比，发现美国的产业规模分布在很大程度上要比欧盟更集中。Amiti（1997）尝试从新贸易理论的视角进一步实证分析欧盟地区制造业规模的分布情况，研究发现规模经济效应促进了出口贸易型产业的空间集聚，且主要集中在与市场大国接近的国家，这与新贸易理论的观点较为一致。Suedekum（2004）分析了 1993 ~ 2001 年德国制造业的专业化和集聚化程度，发现德国制造业在各种地理尺度上既没有出现专业化也没有呈现集聚化的态势，这与大多数已有理论的观点是相违背的。Koh H J（2014）采用更为细致的企业级数据的研究则表明，有 78% 的德国产业在空间分布上呈现集聚分布的态势，尤其是纺织等传统行业表现出更显著的集聚分布特征，这与 Marshall 的理论观点较为一致。Akgüngör（2008）采用基尼系数对土耳其的研究发现，区域一体化推动了土耳其产业在 20 世纪 80 年代以来呈现出更明显的专业化以及集中化态势，并且产业高度集中在与全球市场建立高度联系的少数大都市区以及新兴地区。

从不同类型产业空间分布的差异情况来看，学者基于要素密集度、技术水平等方式对产业进行了分类，并探讨了不同类型产业在空间分布方面的差异性。Krugman（1991）采用基尼系数对美国不同技术水平的产业分布问题展开了相关研究，发现技术水平较低的产业在空间分布上相对更加集中，以机械制造为代表的技术水平较高的产业则相对更为分散。

Rosenthal 和 Strange（2001）对不同空间尺度和行业细分程度下美国产业的地理集聚情况进行了研究，发现空间尺度越大，行业细分程度越高，产业的集聚程度也就越高。Braunerhjelm P（2004）、Maurel F（2004）分别对瑞典和法国的相关研究表明，与传统产业相比，两国的知识密集型产业分布较为集中。Devereux M P（2004）对英国不同行业的地区分布问题展开研究，得出的结论与美国较为类似，即英国传统行业及产业分布的集中程度也相对较高。Alecke 等（2006）对德国的高技术产业集群政策的效果进行了检验，发现德国的高技术和中技术制造业仅仅呈现非常轻微的集聚分布态势。

　　从制造业时空分布的影响因素来看，西方学者较早地进行了丰富的理论探索。Marshall（1890）对产业分布理论展开系统研究并在《经济学原理》一书中首次提出"产业集聚"的概念，他认为促成产业形成集聚分布的主要影响因素包括劳动力市场集聚、投入共享和知识溢出，这一观点被后续研究广泛采纳。Webber 在 Marshall 研究的基础上于 1909 年在其《工业区位论》一书中进一步指出，影响工业区位分布的两大主要因素分别为区域因素和集聚因素，运输成本、劳动力成本等因素对工业区位也具有重要的影响（韦伯，1997）。Porter（1990）提出了著名的钻石模型，他将影响产业空间分布的因素归纳为市场需求、生产要素条件、产业支撑能力以及企业的战略四大方面。Krugman（1980）将空间因素纳入区域经济活动的影响因素分析中，通过构建报酬递增、不完全竞争的分析框架研究产业活动的空间结构演化，打破了传统经济学理论对于不完全竞争和报酬不变的假设，成为除传统经济理论以外用以解释产业空间分布的重要理论补充。基于上述理论，众多学者对各地区、各类型产业的空间分布影响因素展开了大量实证研究，主要目的在于验证上述理论在各国案例中的适用性及差异性。Rosenthal 和 Strange（2001）、Dumais 等（2002）尝试基于 Marshall 提出的三种集聚机制深入分析美国制造业的空间分布现象，发现影响区域产业集聚的显著因素包括资源禀赋、劳动力、运输成本和知识溢出等，其中劳动力市场是推动产业集聚的最重要因素，而知识溢出的作用仅体现在地方尺度上，但对促进知识密集型产业集聚的影响更大。Ellison 等（2010）基于 Marshall 的集聚理论同样研究了美国制造业分布的影响因素，发现由于距离邻近所带来的产品、劳动力和技术的共享是促成制造业集聚的主要动力，并且投入产出联系对制造业集聚的影响更显著。此外，Bartlesman 等（1994）、Holmes（1999）、Holmes 和 Stevens（2002）等的研究则单独验证了投入共享机制对于产业集聚的影响，认为产业可以通过集聚降低用于商品购入和产品售出的交通费用。对于欧洲国家的相关研究也大致得出了一些类似结论。Olga Alonso Villar（2004）对西班牙工业行业的集中度进行了分析，将西班牙产业集聚的主要驱动因素归纳为劳动力成本、市场占有率和知识溢出。Jofre – Monseny 等（2011）分析了西班牙制造业企业的空间分布情况，发现中间产品投入、劳动力市场和知识溢出三方面的马歇尔集聚机制均对制造业空间分布起到显著影响，但这种影响的重要程度会由于分析尺度的不同而有所差异，总体来看，知识溢出机制的影响是最微弱的，这与美国的研究结论相一致。Artal – Tur 等（2013）、Alañón – Pardo 和 Arauzo – Carod（2013）除强调集聚经济及其空间溢出效应的影响外，还发现了交通等传统的解释因子对产业空间分布同样具有较明显的促进作用。

2. 国内研究

1978 年以前，中国产业的空间分布模式主要是由中央计划所决定的，这种决定很大程度上是出于政治因素的考虑而非遵从市场经济规律的引导。自 1978 年改革开放以来，中国从计划经济向市场经济转型，推动了制造业的快速发展，在此过程中，制造业规模空间格局发生了何种变化，其背后的驱动因素如何引起了国内学者的广泛关注。

结合中国制造业发展的特殊背景并借鉴国外相关研究理论，国内学者从经济学和地理学的视角对改革开放以来中国制造业规模的空间布局问题展开了充分探讨。就测度指标而言，通常可用来测度区域制造业规模的指标主要包括企业单位数、从业人员数量、工业增加值、工业总产值等。就制造业规模分布的测度方法而言，学者通常根据研究数据的具体特征采用基尼系数、赫芬达尔指数、胡佛系数等方法测度中国制造业规模在不同地理尺度上的空间分布态势。主要的研究结论包括：第一，改革开放以来，中国制造业规模的空间分布大致呈现先分散后集聚的趋势，20世纪80年代为相对分散时期，主要受到改革开放前均衡布局战略遗存的影响，随着全球化和市场化进程的加快推进，制造业的大部分行业在随后呈现不断强化的集聚态势，当然也有少部分行业呈扩散趋势（张同升等，2005；陈秀山和张可云，2008；贺灿飞等，2008；谢里和罗能生，2009）。第二，中国制造业在空间上总体呈现以东部沿海为导向的核心—边缘结构模式，制造业高度集中在东部沿海地区的少数城市群区域，在中西部地区相对薄弱，这种格局在短期内难以被打破（毛琦梁等，2013；洪俊杰等，2014）。第三，尽管中国制造业的集聚程度总体有所加强，但与西方发达国家相比，中国大多数行业的集聚程度依然相对较低（路江涌和陶志刚，2006）。第四，不同制造业行业在空间上的集聚程度有所不同，产业集聚程度由高到低依次为技术密集型、资本技术密集型及劳动力密集型（罗勇和曹丽莉，2005）。第五，进入21世纪，中国制造业规模的空间格局开始呈现新的动向，部分劳动力、资本和资源密集型产业加快由东部沿海地区向内陆地区转移，导致中国制造业的集聚程度有所下降，但对于制造业集聚度最高值的具体年份存在一定争议，转折点大致处在2003～2005年（吴三忙和李善同，2010；石敏俊等，2013；黄顺魁等，2013；罗胤晨和谷人旭，2014；原嫄等，2015）。

在制造业规模空间分布的影响因素研究方面，国内学者借鉴了西方学者所提出的理论，通过构建综合性的理论分析框架或立足于特定的研究视角展开了丰富的研究。贺灿飞等（2008）从自然优势、集聚经济、政策制度因素三方面构建了综合分析框架，发现利用外资、参与国际贸易、集聚经济等因素推动了制造业在省区层面的地理集聚，但政策制度因素是影响中国产业区位最具决定性的因素。林理升和王晔倩（2006）从运输成本、劳动力流动的角度分析了制造业区域不均的影响因素，认为运输成本差异和高劳动力流动成本形成了沿海高成本压力而内陆收入低下的新空间"二

元"结构,导致沿海与内陆间产业规模差异的形成。尹希果和刘培森
(2013)讨论了城镇规模、交通运输与制造业集聚的非线性关系,发现城
镇规模与制造业集聚呈 U 形关系,城镇化带来的拥挤效用快于促进作用,
东部地区交通运输与制造业集聚呈倒 U 形关系,中西部地区交通运输将长
期处于集聚效应递增阶段。陈曦等(2015)同样探讨了城镇化水平对制造
业空间分布的影响,表明两者之间存在倒 U 形关系,当城镇化水平超过
36.26% 后将不会再推动制造业份额的上升,甚至导致制造业份额的下降。
原嫄等(2015)的研究表明,中国区域制造业份额与经济发展水平同样也
呈现倒 U 形关系,同时制造业也依然依赖低成本劳动力及交通基础设施。
文枚(2004)根据第二、第三次工业普查数据考察了产业区域集中程度,
指出交易和运输费用的下降可能会促进制造业的进一步集聚。汪浩瀚和徐
建军(2018)分析了国内外市场潜力对于中国制造业集聚发展的重要影
响,发现省域内的国内外市场潜力对制造业集聚有显著的直接促进作用以
及省域间的国内市场潜力和国外市场潜力对制造业集聚具有空间溢出效
应。此外,基于 21 世纪以来中国制造业在空间层面呈现的新动向,近年
来还有部分学者分析了中国制造业产业转移的影响因素,洪俊杰等
(2014)立足中国独特的政策逻辑,研究了区域振兴战略对中国工业空间
结构变动的影响,发现区域振兴政策对中国工业空间分布有着显著影响,
中部崛起战略促进了中部省份承接沿海地区的劳动力密集型产业转移,西
部大开发战略促进了西部省份资源密集型产业的发展,东北振兴战略的效
果较弱。石敏俊等(2013)的研究认为,沿海地区和内陆地区之间要素成
本差异的扩大和贸易成本差异的缩小,使得贸易成本和要素成本的均衡关
系发生逆转性变化,成为驱动中国制造业由沿海地区向内陆地区转移的核
心因素。李伟和贺灿飞(2017)分析了劳动力成本对中国制造业空间转移
的影响,发现劳动力成本提升已成为推动中国制造业空间转移的重要影响
因素,尤其 2004 年以后制造业开始显著地向工资水平较低的地区迁移。

　　从以上国内研究可以看出,与西方国家相比,中国制造业的发展有其
特殊历史条件,尤其是经历了从改革开放前的计划经济体制到改革开放以

来的混合制度模式的转变，导致中国制造业的发展轨迹受到制度、市场、区域和全球化等因素的综合影响。与完善市场经济体制下的西方国家相比，中国制造业规模空间分布的影响因素具有明显的多元性和混合性特征，既受到市场经济规律的影响，同时政策和制度因素也具有充分的解释力，具有一定的独特性。

（二）制造业结构的演进研究

制造业结构演进研究衍生于广义上的产业结构演进研究，广义上的产业结构是指某个国家或地区的农业（第一产业）、工业（第二产业）和服务业（第三产业）的构成及其相互间的数量比例关系，而制造业结构则是指制造业内部各部门的构成及其相互间的数量比例关系。制造业结构演进是指制造业结构从低级形态向高级形态转变的过程或趋势，可具体反映在投入要素、技术强度以及产品附加值等多个维度的变化和提升上，并且通常是一个非线性的循序演进过程（Gereffi et al.，2005；中国社会科学院工业经济研究所课题组，2010）。

1. 国外研究

人们早已意识到产业结构演进是推动一个国家或地区经济增长的主要手段，西方学者对产业结构演进话题的关注至少可以追溯到 17 世纪 William Petty 的研究（苏东水，2005）。在 Petty 研究的基础上，现代产业结构理论经历了 20 世纪 30 年代的系统形成阶段以及 20 世纪五六十年代的进一步发展阶段，Clark、Kuznels、Leantief、Lewis、Hirschman、Rostow 等均对产业结构演进研究做出了重要的理论贡献。当然，随着经济发展阶段的不断推进，大多数国家经济的发展都依赖于其制造业所取得的成就，而高技术产业在产业结构中所占的比重又在很大程度上成为一个国家或地区经济发展水平的决定因素，因而西方学者基于产业结构演进理论对制造业结构及其演进规律展开了大量研究。在实证分析中，学者通过不同的分类标准将所有产业划分为若干维度，在此基础上采用一系列的度量指标来分析产业结构的演进规律。一些研究以技术密集度为基准将产业进行了划分，强

调了产业间技术结构的演进（Hatzichronoglou，1997），另一些则通过 Por-
ter（1980）提出的"五力模型"（Five - force Modle）评价产业竞争环境的
演进态势，此外还有基于产业价值链、产业集中度（Bos & Jalil，2006；
Lien & Foss，2010）或者产业的国际竞争力、创新水平等指标来对产业结
构演进展开分析。

　　总体来看，国外学者较为认可的是，技术以及创新水平是影响国家或
区域制造业产业结构演进的主要驱动因素，当然，除技术、创新水平外的
一些其他经济以及非经济因素同样也可能会对产业结构起到进一步塑造的
作用。Anderson 和 Tushman（1990）在构建技术变革模型和技术循环模型
的基础上，阐述了两种创新对产业结构的不同影响。Peneder（2003）以
28 个 OECD 国家为研究对象，发现技术创新通过影响总收入和需求结构使
需求收入弹性得以改变，从而影响产业结构。Greunz（2004）以欧洲为研
究对象，发现技术创新可以改变部门的产业发展水平，并且技术进步最终
会影响区域产业结构。Gereffi（2009）以两个极具代表性的出口导向型国
家——中国以及墨西哥的制造业为分析对象，将制造业按照技术等级依次
划分为初级产品、资源型制造业、低技术制造业、中技术制造业以及高技
术制造业 5 种类型，发现随着中技术、高技术制造业的快速发展，以上两
个经济体长期以来均呈现良好的产业结构升级态势，并且中国在后期以来
的升级态势更显著。此外，在技术以及创新驱动产业结构演进的过程中，
政府也可以通过创造良好的创新环境，并且构建低技术企业之间的技术交
流以及向高技术企业学习的通道，达到推动区域产业结构升级的目的
（Grossman & Helpman，1994）。

　　2. 国内研究

　　全球化时代，中国在全球经济格局中的地位不断凸显，激发了学界对
中国制造业结构演进问题的广泛关注，尤其是进入 21 世纪，中国制造业
依赖生产要素低成本优势而建立的产业发展模式日益受到冲击，因此，如
何实现制造业结构的转型与升级成为学者高度关注的话题。

　　由于制造业结构的演进是工业化进程中所体现的一种定向的、有规律

的份额变化过程，因此可以通过一些指标进行定量测度。从测度方法来看，国内相关研究主要采用的测度方法可大致分为静态直观比较法、动态比较判别法和指标法三类（刘伟等，2008）。静态直观比较法是将所考察地区的产业比例关系与发达国家的产业结构或者所谓的标准结构（如钱纳里标准结构）进行比较，判断所考察地区产业结构所处的状态；动态比较判别法是通过构建某些特定的量化标准，用另一个区域的产业结构作为参照，对所考察区域的产业结构高度进行判别，该方法能够动态地判别两个区域产业结构的相似性；指标法是通过构建一种或多种指标，判断一个区域产业结构所处的状态，如计算某种"高级别"产业产值占所有产业产值的比重，或者计算各产业部门的劳动力生产率并分析高劳动生产率产业所占的比重等。

基于上述理论与方法，国内学者对中国制造业的结构演进的格局展开了多尺度的测度与分析，主要研究结论如下：在国家层面，改革开放以来，伴随高技术产业比重的显著增加，中国制造业的结构高级度有所提升，存在较为显著的升级效应（李贤珠，2010）；在省域层面，中国制造业结构高级度呈东—中—西梯度衰减的格局特征，东部沿海地区和重庆相对较高，甘、晋、蒙、云、青等地最低（李方一等，2017）；在地市层面，东南沿海核心区领先于北部沿海核心区率先推进产业结构优化，中部地区处于从重化工化向加工化过渡阶段，西部地区尚处于工业化初期阶段（石敏俊等，2017）。近来还有部分学者对长三角（马珩和李东，2012）、江苏省（仇方道等，2015）、徐州都市圈（仇方道等，2016）等展开了区域层面的探索。在产业结构演进的影响因素方面，20世纪90年代，有学者分析了特定政治经济环境和工业发展方针指导下，中国工业结构由失衡—调整—再失衡所产生的问题与原因（杨开忠，1993）。自20世纪末以来，随着中国市场经济日趋深化，学者在借鉴西方产业经济学经典理论的基础上结合中国制造业发展的特殊环境，尝试重新构建中国制造业产业结构影响因素的解释框架。归纳来看，此方面的研究主要围绕以下四个因素来展开：一为供给因素，生根于传统的经济增长理论，以林毅夫等（1995）为代表的部分学者认为区域资源禀赋及其带来的要素供给能力会对区域产业结构产生内生性甚至决定性影响，产业结构的升级需要以资源禀赋的升级为前提条件（徐朝阳和林毅夫，2010）；二为需求因素，强调需求结构提升对区域产业结构研究具有重要作用（孙军，2008；郭凯明等，2017）；三为集聚因素，借鉴新经济地理学思想，认为集聚经济所带来的收益递增是区域产业结构形成与演进的重要影响因素，但这种影响通常是正向和负向并存的，需视产业发展阶段而定（刘修岩，2009）；四为政策因素，部分学者继承了发展型政府理论的观点，认为特定制度框架下的中国政府实际上是一种发展型政府，政府通过实施各种政策对市场进行干预，调整资源在空间以及产业部门间的配置，从而对区域产业结构的形成与演进起着重要引导作用。总体来看，由于中国制造业发展有其特殊历史条件，因此与西方国家相比，中国区域制造业结构及其演进的影响因素同样也是复杂且多元的，表现在直接因素和间接因素相互并存。

第三章
中国制造业规模的时空格局

　　国内外学者通常视研究目的以及数据可获取性而采用增加值、总产值、企业数量或者就业数量等一系列生产数据去衡量区域的制造业规模。本章根据企业所属的行政区域，将企业级的制造业产值数据汇总至相应的地级单元并依次向上归并至省域、区域以及国家尺度，分析中国制造业规模的多尺度时空格局。另外，进一步采用了 OECD 的产业分类方式将制造业依次划分为低技术、中技术和高技术制造业以考察不同技术等级制造业的空间分布特征及相互差异，对空间分布模式进行了归纳和对比分析。尝试回答如下具体问题：中国制造业规模在空间分布上的格局以及对应的空间结构如何演变？中国制造业是否存在由沿海地区向内陆地区转移的趋势？不同技术等级制造业的空间格局以及空间分布模式有何差异？

一、研究方法

（一）重心与标准差椭圆分析

用于分析点的集中与离散趋势的常用指标包括重心和标准差椭圆（赵

媛等，2012）。重心的概念源于物理学，随后被引申为节点空间分布的力矩平衡点，或称平均中心。以地级尺度为分析单元，运用重心分析模型计算 1998～2013 年中国制造业规模的空间分布重心，在此基础上通过对不同时期的制造业规模重心进行对比以明确其变动趋势，从而从宏观层面把握不同时期中国制造业规模分布的总体特征和变化趋势。

制造业规模重心即制造业规模空间分布的加权平均中心，假设一个大区域由 n 个小区域构成，$p_i(x_i, y_i)$ 为第 i 个小区域的中心坐标，w_i 为 i 小区的某种属性值，作为 i 小区的空间权重，$P_j(x_i, y_i)$ 为该大区第 j 年的重心坐标，则该属性意义下的区域重心坐标如下（李秀彬，1999）：

$$P_i(x_j, y_j) = \left(\frac{\sum_{i=1}^{n} w_i x_i}{\sum_{i=1}^{n} w_i}, \frac{\sum_{i=1}^{n} w_i y_i}{\sum_{i=1}^{n} w_i} \right) \tag{3-1}$$

在重心分析的基础上，进一步通过标准差椭圆对 1998～2013 年中国制造业规模空间分布的离散趋势进行分析。标准差椭圆分析主要包括 3 个要素，分别为转角 θ、沿主轴（长轴）的标准差、沿辅轴（短轴）的标准差（金淑婷等，2015）。转角 θ 是在笛卡尔坐标系下 x 轴和 y 轴按照点集分布的地理方位沿一定角度旋转后，正北方向与顺时针旋转的主轴之间的夹角（Fischer & Getis，2010），用来分析制造业规模空间分布的主方向；沿主轴（长轴）的标准差、沿辅轴（短轴）的标准差可分别分析在主、次方向上制造业规模空间分布偏离重心的程度（Wong et al.，2008），标准差椭圆的计算公式如下：

$$x'_i = x_i - x_{wmc} \qquad y'_i = y_i - y_{wmc} \tag{3-2}$$

$$\tan\theta = \frac{\left(\sum_{i=1}^{n} w_i^2 x_i'^2 - \sum_{i=1}^{n} w_i^2 y_i'^2 \right) \sqrt{\left(\sum_{i=1}^{n} w_i^2 x_i'^2 - \sum_{i=1}^{n} w_i^2 y_i'^2 \right)^2 + 4\left(\sum_{i=1}^{n} w_i^2 x_i' y_i' \right)^2}}{2 \sum_{i=1}^{n} w_i^2 x'_i y'_i}$$

$$\tag{3-3}$$

$$\delta_x = \sqrt{\dfrac{\sum\limits_{i=1}^{n}(w_i x'^2_i \cos\theta - w_i y'^2_i \sin\theta)^2}{\sum\limits_{i=1}^{n} w_i^2}}$$

$$\delta_y = \sqrt{\dfrac{\sum\limits_{i=1}^{n}(w_i x'^2_i \sin\theta - w_i y'^2_i \cos\theta)^2}{\sum\limits_{i=1}^{n} w_i^2}} \qquad (3-4)$$

式中，x'_i 和 y'_i 为各地级单元几何中心距离区域重心的相对坐标，根据 $\tan\theta$ 可以得到点分布格局的转角，δ_x 和 δ_y 分别为沿 x 轴的标准差和沿 y 轴的标准差。

（二）核密度分析

核密度分析是一种用于估算概率密度函数的非参数方法，可以清晰反映区域制造业规模在空间上的分散和集聚特征及其变化趋势。该方法用于计算空间点、线要素在其周围邻域中的密度，并对密度分布进行连续化模拟，以图像中每个栅格的核密度值反映空间要素的分布特征（段亚明等，2018）。本书进一步采用核密度分析探索中国地级单元制造业规模空间分布的聚集区，通过对每个栅格内制造业规模的核密度值及其周围密度值进行估计，并对不同搜索半径下的核密度分析结果进行比较，从而选取能够清晰反映制造业规模空间分散和集聚特征的搜索半径。核密度函数的计算公式如下（王远飞和何洪林，2010）：

$$f(x) = \sum_{i=1}^{n} \frac{1}{\pi r^2}\varphi\left(\frac{d_{ix}}{r}\right) \qquad (3-5)$$

式中，$f(x)$ 为 x 处的核密度估计值；r 为搜索半径；n 为样本总数；d_{ix} 为需要密度估值的点 i 与 x 间的距离；φ 为距离的权重。

二、制造业总体规模的时空格局

（一）制造业总体规模的空间分布及空间结构演变

通过对企业级的数据进行汇总（见图 3-1）可以看出，在全球生产网络重组、加入 WTO 以及渐进制度改革不断深化等背景下，1998 年以来中国制造业经历了一个显著增长的过程，基于可比价的制造业总产值在 1998 年、2003 年、2008 年和 2013 年分别为 59249.81 亿元、128209.77 亿元、331459.44 亿元和 691597.62 亿元，地级单元的平均规模相应达到 173.25 亿元、374.88 亿元、969.18 亿元和 2022.22 亿元，15 年内增长了 10.67 倍之多。制造业规模的大幅度扩张很好地反映出中国在该阶段作为"世界工厂"的客观事实。

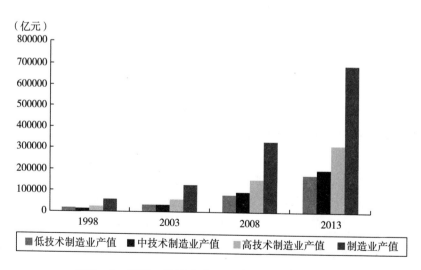

图 3-1 1998~2013 年中国制造业规模的演变趋势

为直观地呈现中国制造业规模的空间分布特征，基于 1998 年、2003
年、2008 年和 2013 年各地级单元制造业总产值的分布情况，通过 Arc-
GIS10.3 软件以 10 亿元、500 亿元、1000 亿元和 10000 亿元为断裂点分别
将研究区划分为低值区、中低值区、中值区、中高值区及高值区 5 种类
型。结果表明，1998~2013 年中国制造业规模在胡焕庸线两侧的差异明
显，整体空间格局发生较大变化，对应的地域空间结构大体由 1998 年的
初级均衡模式演变为 2003 年、2008 年沿海与内陆间的核心—边缘模式以
及 2013 年东部、中部与西部地区间的核心—次核心—边缘模式。分阶段
来看：

1. 初级均衡结构阶段（1998 年）

该阶段中国工业化处在起步发展期，市场化机制尚不健全，资本、劳
动力、技术等生产要素的流动性较低，区域市场总体仍处在条块分割的状
态（邓慧慧，2009）。就制造业规模格局来看，该时段东部、中部与西部
地区间制造业规模的绝对差距相对较小，各研究单元的制造业规模以低值
区和中低值区为主，整体呈现初级均衡的空间结构模式。具体而言，胡焕
庸线西北侧以低值区为主，仅在河套—宁夏平原、兰州—西宁、河西—天
山北坡等相对发达地区分布有数量较少的中低值区，主要是由于这些区域
有一定的矿产资源优势，加之改革开放前国家在此布局了部分以"三线建
设"为核心的工业项目（金凤君等，2018），因此具备一定的工业发展基
础。胡焕庸线东南侧则以中低值区为主，在一些区位相对优越的区域出现
少数中值区和中高值区的点缀分布，尤其是长三角、珠三角、京津冀三大
城市群的部分核心城市为中高值区，主要是由于这些区域为中国改革开放
的前沿阵地，是对外开放政策最先惠及的区域，自 20 世纪 80 年代以来就
先后通过经济特区、沿海开放城市、经济开放区、开发区等政策的实施，
大量吸引外资发展出口加工型产业，推动了制造业的快速发展。

2. 沿海与内陆间的核心—边缘结构阶段（2003 年、2008 年）

21 世纪初期以来，在全球化、市场化深入推进以及加入 WTO 等背景
下，中国区域制造业的发展轨迹开始显现明显的分叉态势。一方面，东部

沿海地区凭借日益凸显的区位、政策、先发等全方位优势加速融入全球生产网络，制造业规模迅速扩张，进入工业化加速阶段。另一方面，内陆地区由于本身区位、政策、自然环境等区域发展要素的限制导致难以突破原有发展路径，同时市场化机制的日益完善还加快了内陆地区劳动力、资本等生产要素的流出（Fan，1996；李扬等，2015），导致内陆地区制造业发展日益处在相对不利的位置。随着地级单元间制造业规模绝对差距的不断拉大，1998 年的初级均衡结构被打破，取而代之的是 2003 年、2008 年沿海与内陆间的核心—边缘结构。具体来看，2003 年，沿海与内陆间的核心—边缘结构雏形初现。胡焕庸线西北侧的格局与上一阶段相比变化不大，中低值区范围未发生明显扩展，主要是由于胡焕庸线西北侧除部分"三线建设"时期的工业基地外，其余地区的自然地理环境较差，制造业发展的基础薄弱，尤其在国家非均衡发展战略下缺乏发展制造业的比较优势，难以实现路径突破。但此时胡焕庸线东南侧开始出现一些显著变化，随着比较优势的凸显以及中西部地区生产要素的汇入，沿海地区的中高值区加速扩展至除三大城市群外的山东半岛、福建沿海、辽中南半岛等地区，上海更是成为第一个产值超过万亿元的高值区。2008 年，沿海与内陆间的核心—边缘结构越发明显。胡焕庸线西北侧除青藏高原地区以低值区为主外，其余地区开始出现中低值区连绵分布的态势，少数重点城市如包头、兰州、乌鲁木齐成长为中高值区或中值区，但制造业集聚的规模和范围与东部地区相比仍有巨大差距。胡焕庸线东南侧，沿海三大城市群以及山东半岛、苏北等地区的中高值区进一步扩展，形成连绵分布的态势，其中，苏州、深圳成为继上海后产值超过万亿元的城市。此外，该阶段部分中、西部地区的省会城市及少数重点城市也基本成长为中高值区，但由于数量较少且布局分散，总体上未改变沿海与内陆间的核心—边缘结构。

3. 东部、中部与西部地区间的核心—次核心—边缘结构阶段（2013 年）

在沿海与内陆间的核心—边缘结构阶段，中国制造业总体仍在向沿海地区集聚，但产业在不断集聚的同时无形中推高了生产要素成本（李伟和贺灿飞，2017），并且加剧了企业的市场竞争压力。由于劳动力、土地等生产要素成本的不断上升，支撑沿海地区快速工业化的传统比较优势逐渐丧失，从 2004 年开始，部分技术层次较低的劳动力、资源密集型制造业开始向内陆一些产业基础较好的地区转移，而 2008 年以来的全球金融危机则进一步加剧了中国产业空间的布局重组进程（石敏俊等，2013）。经过十余年的产业转移浪潮，中西部地区的制造业规模不断累积，尤其是中部地区由于具备较好的产业发展基础和产业配套能力，成为承接产业转移的重要载体（段小薇等，2016），产业规模迅速扩张并且形成了以中原城市群、武汉—长沙—南昌城市群、皖江城市带为核心的中高值区连绵分布的态势。另外，西部地区由于区位、产业发展基础和产业配套能力均相对较差，获得的产业转移机会有限，除成渝地区外，其余地区的制造业规模依然较小。在此背景下，2003 年、2008 年沿海与内陆间的核心—边缘结构已逐渐被打破，取而代之的是 2013 年东部、中部与西部地区间的核心—次核心—边缘结构。

基于标准差指数和变异系数的变化，进一步验证中国制造业规模的空间格局的上述演变态势，结果表明：一方面，1998 年、2003 年、2008 年、2013 年地级单元间制造业规模的标准差指数分别为 0.016、0.036、0.082、0.133，研究期中国地级单元间制造业规模的绝对差距在 1998 年相对较小，随后不断扩大，突出体现在东部地区制造业规模相较其余地区增加的幅度更大，导致制造业规模的累计变化在东部地区与其他地区间形成明显差距。另一方面，1998 年、2003 年、2008 年、2013 年地级单元间制造业规模的变异系数分别为 2.207、2.281、1.983、1.533，研究期中国地级单元间制造业规模的相对差距在 2003 年以来有所缓和，并且缓和的趋势有所加强，这主要是由于在产业转移的背景下，中西部地区制造业规模增长的速度相较于东部地区更快。进一步的统计数据表明，东部地区制造业产值占全国比重由 2003 年的 71.11% 下降为 2013 年的 60.34%，中部地区的产值比重上升最显著，由 12.06% 上升为 19.24%。标准差指数和变异系数的变化情况也进一步验证了上述中国制造业空间格局演变的结论。

（二）制造业总体规模的重心及标准差椭圆分析

从中国制造业规模的重心分布来看（见表3–1），中国制造业规模在各研究年份的重心变动相对较小，1998～2008年重心落在六安市，2013年则移动至西北方向的阜阳市，总体在116°11′15″E 至116°39′16″E、31°59′54″N 至32°37′35″N 之间变动。从制造业规模的重心移动方向来看，南—北方向的偏移量和移动速度呈现先增大后减小的趋势，而东—西方向的偏移量和移动速度则呈现先减小后增大的趋势。

表3–1 1998～2013年中国制造业规模重心的迁移方向与距离

年份	重心点坐标	移动距离（千米）	东西向距离（千米）	南北向距离（千米）	移动速度（千米/年）	东西向速度（千米/年）	南北向速度（千米/年）
1998	116°17′25″E；32°6′59″N						
2003	116°39′16″E；31°59′54″N	36.48	35.61	7.59	7.296	7.122	1.518
2008	116°36′97″E；32°21′59″N	40.99	11.15	39.02	8.198	2.23	7.804
2013	116°11′15″E；32°37′35″N	48.08	42.12	22.76	9.616	8.424	4.552

具体来看，1998～2003年，制造业规模的重心在向东南方向移动，这个时期重心东进和南下距离的差距比较明显，主要体现为东进的趋势，东—西方向的移动距离为35.61千米，而南—北方向的移动距离为7.59千米。通过将该阶段的重心迁移结果与制造业规模的空间分布情况进行比照，可以发现二者具有较高的一致性。汇总结果表明，该阶段，除上海的制造业规模占全国比重出现小幅下降外，其余位于重心点东南方向的沿海省份在制造业规模方面都有了较明显的增长态势，浙江、广东、江苏、福建的制造业规模占全国比重分别提升了2.17%、0.81%、0.71%、

0.51%，东南沿海 5 省共计占全国比重由 1998 年的 46.99% 提升为 2003 年的 50.67%，成为全国制造业发展的第一梯队，由此也导致了该阶段制造业规模重心向东南方向移动。改革开放以来，中国实行的是区域非均衡发展战略，在制造业方面则体现在优先发展东南沿海地区，主要原因在于东南沿海地区拥有接近国际市场的有利地理区位条件，可以通过大量吸引外商投资发展外向型经济。

2003～2013 年，制造业规模的重心发生逆转，呈现加快向西北方向移动的趋势。其中，2003～2008 年主要体现为北上的趋势，该阶段重心在东—西方向的移动距离为 11.15 千米，南—北方向的移动距离则达到 39.02 千米。结合制造业规模的空间分布情况来看，可以发现该阶段位于重心点北部及西部的山东、河南、河北 3 省的制造业规模拥有显著的扩张幅度，其中，山东的增长尤为亮眼，占全国比重由 2003 年的 10.67% 迅速提升至 2008 年的 13.01%，成为仅次于江苏和广东的第三大制造业大省，而河北、河南两省分别由 3.85%、3.32% 提升至 4.57%、4.52%。因此，山东、河北、河南 3 省制造业规模的大幅度增长导致了该阶段重心的西北向移动。山东、河北、河南 3 省制造业的快速发展主要可归因于：其一，外商投资开始由南方沿海地区向北方地区转移，山东、河北、河南逐渐成为新的外商投资集聚地，加快了其外向型经济的发展步伐（肖刚，2015；Huang & Wei，2016）。其二，2004 年以来中国制造业开始在区域层面重新布局，邻近东部发达城市群的区位优势使得山东、河北、河南成为重要的产业承接地，由此也扩大了制造业规模。

2008～2013 年，制造业规模的重心加快向西北方向迁移，其中，东—西方向的移动距离尤为明显，为所有研究阶段的最大值，达到 42.12 千米，南—北方向的移动距离则为 22.76 千米，表明中国制造业开始出现较大范围的由东部向中西部地区转移的趋势。同样，结合该阶段制造业空间分布情况可知，该阶段西部地区除西藏保持稳定外，其余 11 个省份的制造业份额全部出现上升趋势，整个西部地区制造业份额由 2008 年的 9.71% 提升至 2013 年的 11.98%。同时，除山西出现一定程度下降外，其余位于重心点西部、北部方向的中部地区在制造业份额方面也都有较大幅度的提升，如湖北提升了 1.30%、河南提升了 1.06%。因此，在西部大开发、中部崛起等内部战略的引导以及金融危机等外部因素的推动下，中国制造业在 2008 年以来开始较大规模地由东部沿海地区向广大中西部内陆地区转移，推动了中国制造业规模重心的西进、北上。

从标准差椭圆的计算结果可以看出（见表 3-2），各研究年份的标准差椭圆均以相应年份的重心点为中心，位居中国东南部，面积在 1998~2008 年不断缩小后在 2008~2013 年稍有增大，但总体上有所缩小，这表明中国制造业规模的空间分布先趋于集中后趋于分散，且总体上分布的集聚程度有所加强。具体来看，1998 年，标准差椭圆的覆盖范围主要集中在京、津、冀、鲁、豫、沪、苏、皖、浙、鄂、湘、赣、闽、粤等地；2003 年椭圆的覆盖范围进一步向东南方向收缩；2008 年，椭圆的覆盖范围向北移动，并伴随小范围收缩；2013 年，椭圆的覆盖范围在略有扩大的基础上开始向西北方向移动。

表 3-2　1998~2013 年中国制造业规模空间分布的标准差椭圆参数

年份	1998	2003	2008	2013
面积（万平方千米）	204.52	196.90	191.10	192.15
转角 θ（度）	16.11	12.08	11.77	15.04
沿 y 轴的标准差（千米）	998.09	987.10	964.00	964.92
沿 x 轴的标准差（千米）	652.29	634.97	631.03	633.90

进一步对各研究年份的转角 θ 进行测算，可以看出各研究年份转角呈先减小后增大的趋势。具体来看，由于 1998~2008 年中国制造业整体处于向东南沿海集聚的阶段，因此转角 θ 由 16.11 度减小至 11.77 度，而 2008~2013 年由于中国产业空间格局开始加快重塑，中、西部地区的制造业份额开始有所提升，因此转角 θ 由 11.77 度增加到 15.04 度。再从各研究年份标准差椭圆主轴（长轴）、辅轴（短轴）的长度来看，两条轴线在长度方面的差距较大，均为主轴长于辅轴，表明中国制造业在空间分布上

并非均衡的。其中，1998～2003 年主轴由 4016.81 千米缩短至 4008.92 千米，但随后又延长至 2008 年的 4048.18 千米及 2013 年的 4070.87 千米，表明制造业规模在主轴方向上先趋于极化再趋于分散。辅轴方面则经历了先延长后缩短的趋势，由 1998 年的 1052.20 千米延长至 2003 年的 1087.79 千米，随后缩短至 2008 年的 1076.82 千米和 2013 年的 1034.72 千米，表明制造业空间分布在辅轴方向经历了先分散后极化的过程。

三、不同技术等级制造业规模的时空格局

（一）不同技术等级制造业规模的演变态势

上文分析了中国制造业总体规模的演进态势和空间分布规律，进一步地，本节考察不同技术等级制造业规模的演进态势和空间分布规律。统计数据表明（见图 3-2）：中国低技术制造业在 1998 年、2003 年、2008 年和 2013 年的产值分别为 19019.93 亿元、34090.60 亿元、82731.61 亿元、175622.52 亿元，地级单元平均规模为 55.61 亿元、99.68 亿元、241.91 亿元、514.22 亿元，在整个研究期的增长幅度为 8.23 倍；中技术制造业在四个研究年份的产值分别为 15384.20 亿元、33918.13 亿元、93734.08 亿元、200290.72 亿元，地级单元平均规模为 44.98 亿元、99.81 亿元、274.08 亿元、585.65 亿元，在整个研究期的增长幅度为 12.02 倍；高技术制造业在四个研究年份的产值分别为 24847.11 亿元、60202.26 亿元、154995.20 亿元、315685.85 亿元，地级单元平均规模为 173.25 亿元、347.88 亿元、969.18 亿元、2022.22 亿元，在整个研究期的增长幅度为 11.71 倍。通过以上数据可进一步反映出，1998～2013 年中国不同技术等级制造业的规模扩张幅度存在较大差异，呈现中技术产业＞高技术产业＞低技术产业的趋势，由此可初

步表明，该阶段中国在成为"世界工厂"的同时，制造业整体上也存在由低技术产业向中技术产业、高技术产业迈进的产业结构升级趋势。

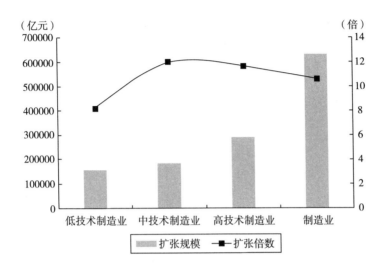

图 3 – 2　1998～2013 年中国不同技术等级制造业的规模扩张态势

（二）低技术制造业规模的时空格局

1. 空间格局分析

基于 ArcGIS10.3 软件的空间分析工具，对各研究单元的低技术制造业产值进行核密度分析。根据研究区密度值的分布情况，以 0.02、0.1、0.2、0.4 为断裂点将研究区域分别划分为低密度区、较低密度区、中等密度区、中高密度区和高密度区五种区域类型。结果表明，中国低技术制造业的空间结构模式大致经历了沿海起步—沿海集聚—沿海扩散—内陆转移的演变过程。

1998 年，中国低技术制造业集聚中心的数量少、范围小、密度低，发展于东部沿海的长三角地区、珠三角地区、京津地区以及山东半岛。位于南方沿海地区的两个集聚中心面积相对更大，其中，长三角地区的集聚面积最大，上海、杭州、苏州、无锡等城市成为该集聚区的极核；珠三角地区的集聚面积位居其次，广州、深圳、佛山等城市成为该集聚区的极核；而位于北部沿海的京津地区和山东半岛的集聚面积相对较小。该阶段中国低技术制造业的空间布局模式与改革开放以来中国政府所制定的非均衡发展战略密切相关。自 20 世纪 70 年代末以来，由于具有独特的地理区位优势和低廉的生产要素成本，中国东南沿海地区成为承接国际低端产业转移的首要阵地，在大量吸引来自中国香港、中国台湾、韩国、日本等地区的劳动力密集型产业转移后，长三角、珠三角地区迅速兴起了一批纺织、鞋帽、玩具等产业集群，推动了出口导向型低技术制造业的发展。另外，尽管此时北部沿海地区接纳的外部产业转移尚且较少，但由于低技术制造业的产品多用于满足人们日常生活的基本需求，因此在人口稠密的京津地区和山东半岛，庞大的本地及周边市场也推动了低技术制造业的较大规模发展。

2003 年，在经历了沿海起步阶段后，中国低技术制造业开始进一步向沿海地区集聚，此时，沿海地区集聚区的数量、范围和密度均有明显提升。具体来看，一是原有集聚区的面积不断扩大，尤其是长三角地区、山东半岛分别形成了连片式蔓延发展的态势；二是福建由于纺织、鞋帽等产业的快速发展，该省沿海区域演变成为新的集聚区；三是长三角地区、珠三角地区部分核心城市的密度等级获得了提升，由较低密度区提升为中等密度区。中国低技术制造业在沿海地区加快集聚主要是由于 21 世纪初期中国加入 WTO，使得对外开放水平进一步提升，按照产业转移规律，中国开始获得更多来自发达国家及周边地区劳动力密集型产业的转移，与此同时，由于区域制度环境日趋完善，外资在新的环境下也开始由南方沿海地区扩展至北方沿海地区。因此，该阶段大量东部沿海地区的低技术制造业规模获得整体提升，沿海地区成为中国低技术制造业集聚的核心区域。

2008 年，在经历了沿海集聚阶段后，中国低技术制造业进入重新扩张布局的阶段。一方面，除粤西、海南外，从珠三角地区沿海岸线北上至辽中南地区的整个东部海岸带形成低技术制造业蔓延分布的态势；另一方面，中原地区、长江中下游地区以及成渝地区等部分中西部地区开始形成一定规模的集聚中心,但与沿海地区相比,其数量、范围和密度均有较大差距。因此,该阶段低技术制造业主要处在由沿海核心区域向沿海外围区域转移的内部扩张阶段。低技术制造业在沿海地区内部扩张主要是由于沿海核心区域日益受到劳动力成本上升、原材料价格上涨、可用土地面积下降、国际金融危机等内外部因素的综合影响,导致低技术制造业在沿海核心区域的生存空间开始受到限制而寻求向外围地区转移。但由于沿海地区总体具有更好的区位条件、产业基础和市场规模,也便于企业间展开协作,因此该阶段低技术产业重新扩张布局的主要方式是由沿海发达地区向邻近的沿海相对欠发达地区进行填充式扩张,如长三角地区向外围的苏北、浙南扩张,山东半岛向鲁南、鲁西扩张,珠三角地区向粤北、粤东扩张等。

2013年,在经历了沿海扩散阶段后,中国低技术制造业进入向内陆地区加快转移的阶段。虽然该时段沿海地区的低技术制造业仍处在扩张态势中,但广大中西部以及东北地区已经出现大范围的集聚区,尤其整个中部地区的中等密度区以及中高密度区形成了大范围的蔓延分布态势,而西部地区的成渝、关中、滇中以及东北地区的哈大沿线等主要的城市群区域也出现较大范围的集聚区。低技术制造业加快由沿海地区向内陆地区转移主要是由于经历了全球金融危机后,整个沿海地区低技术制造业的生产成本日益上升、产业发展环境日趋严峻,在此背景下,国家和地方政策纷纷转向提升沿海地区制造业的发展质量以推动产业结构升级。并且此时中西部地区相对而言更加具备低技术制造业发展所需的人力、土地等资源(蔡昉,2009),同时国家也更积极地引导产业向内陆地区转移,从2010年开始,国务院在内陆地区先后批复设立了十余个承接产业转移示范区,因此,低技术制造业开始出现较大规模的由沿海地区向内陆地区转移的现象。

2. 重心及标准差椭圆分析

从重心分布情况来看(见表3-3),中国低技术制造业规模重心与制造业总体规模重心的分布规律相似,但相对更加偏南,且年际间的变动更大,表明低技术制造业更偏向在南方地区集聚且空间分布处在相对不稳定的状态。1998~2013年,低技术制造业在四个研究年份的重心全部落在六安市境内，总体在 116°01′43″E 至 116°33′17″E、31°26′52″N 至 32°29′31″N 之间变动。从重心的位置及移动方向来看，由于早期阶段中国低技术制造业主要为出口加工型产业并且起步发展于对外开放较早的南方沿海地区，因此，其重心的起始点处在最南部。其后，由于北方地区的山东半岛、中原地区、京津冀地区等区域低技术制造业的快速发展，使得低技术制造业的重心开始持续性由南向北移动。而在东—西方向方面，由于低技术制造业具有先向沿海地区集聚后向内陆地区扩散的趋势，因而其重心先是向东移动后向西移动，最终存在西移的态势，表明整个研究期中国低技术制造业在向内陆地区转移。另外，由于21世纪以来中国由沿海地区向内陆地区转移的产业是以低技术的劳动力密集型产业为主，因此相对于制造业总体规模的重心而言，低技术制造业规模的重心在东西方向上的移动更剧烈。

表 3-3 1998~2013 年中国低技术制造业规模重心的迁移方向与距离

年份	重心点坐标	移动距离（千米）	东西向距离（千米）	南北向距离（千米）	移动速度（千米/年）	东西向速度（千米/年）	南北向速度（千米/年）
1998	116°01′43″E；31°26′52″N						
2003	116°33′17″E；31°35′05″N	52.43	46.89	22.22	10.486	9.378	4.444
2008	116°29′44″E；32°07′54″N	60.89	14.62	58.68	12.178	2.924	11.736
2013	116°03′21″E；32°29′31″N	57.18	46.30	32.89	11.436	9.26	6.578

从标准差椭圆的计算结果可以看出（见表3-4），与制造业总体规模的标准差椭圆类似，低技术制造业标准差椭圆的面积在1998~2008年不断缩小，由1998年的208.95万平方千米缩小至2008年的186.12万平方千米，随后稍有增大，至2013年为191.95万平方千米，同样表明中国低技术制造业规模的空间分布是先趋于集中后趋于分散，并且总体上分布的

集聚程度有所加强。具体来看，1998 年，标准差椭圆的覆盖范围主要集中在东南沿海及中部地区，随后 2003 年椭圆的覆盖范围进一步向东南方向收缩，但从 2008 年以来，椭圆的覆盖范围在稍有扩大的基础上开始向西北方向移动。

表 3 - 4　1998 ~ 2013 年中国低技术制造业规模空间分布的标准差椭圆参数

年份	1998	2003	2008	2013
面积（万平方千米）	208. 95	190. 44	186. 12	191. 95
转角 θ（度）	18. 52	15. 65	15. 08	17. 41
沿 y 轴的标准差（千米）	990. 12	950. 38	965. 63	1006. 34
沿 x 轴的标准差（千米）	671. 78	637. 79	613. 56	607. 20

进一步对各研究年份的转角 θ 进行测算，可以看出各研究年份转角呈先减小后增大的趋势。具体来看，由于 1998 ~ 2008 年中国低技术制造业整体处于沿海起步—沿海集聚—沿海扩散的阶段，因此转角 θ 由 18.52 度减小至 15.08 度，而 2008 ~ 2013 年，中国低技术制造业开始进入较大规模的内陆转移阶段，中西部地区的低技术制造业份额不断提升，因此转角 θ 由 15.08 度增加到 17.41 度。从各研究年份标准差椭圆主轴（长轴）、辅轴（短轴）的长度来看，1998 ~ 2013 年主轴一直处在延长过程，由 3940.50 千米延长至 4054.53 千米，表明低技术制造业规模在主轴方向上处在不断分化的过程。辅轴方向则经历了先延长后缩短的趋势，先由 1998 年的 1038.25 千米延长至 2003 年的 1085.22 千米，随后缩短至 2008 年的 1070.94 千米和 2013 年的 1024.72 千米，表明低技术制造业空间分布在辅轴方向经历了先分散后极化的过程。

（三）中技术制造业规模的时空格局

1. 空间格局分析

同样地，基于 ArcGIS10.3 软件的空间分析工具，根据各研究单元中技术制造业的核密度值，以 0.02、0.1、0.2、0.4 为断裂点将研究区域划分为低密度区、较低密度区、中等密度区、中高密度区和高密度区五种区域类型。结果表明，与低技术制造业相比，中国的中技术制造业虽然起步相对滞后，但拥有更快的发展速度，在空间分布上更加分散。中国中技术制造业的空间结构模式大致经历了沿海起步—多点分散—多核集聚—东中转移的演变过程。

1998 年，中国中技术制造业的集聚中心起步发展于东部沿海的长三角地区、珠三角地区和京津地区，三个集聚中心的规模都不大，相互间的差距也较小。中技术制造业起步发展于上述三大区域主要是由于：一是自改革开放以来，长三角地区、珠三角地区、京津地区在国家非均衡发展战略的支持下获得了率先发展，社会经济的快速发展带来了对石化、冶炼、金属等中技术制造业产品更庞大的市场需求；二是中技术产业多为典型的资金密集型产业，企业规模通常都较大，需要较大的资金投入和一定的技术支撑，产业发展的门槛相对更高；三是沿海地区由于具备良好的港口条件，便于大宗原材料和产成品的运输，可更好地满足中技术制造业的发展需求。因此，市场需求、准入门槛、交通区位等方面的因素共同促成中技术制造业在该阶段不断向上述三大沿海发达地区集聚，形成产业集聚中心。

2003 年，在经历了沿海起步阶段后，中国中技术制造业进入多点分散的发展阶段，此时，中技术制造业集聚中心的范围、数量、密度均有大幅增长，但在空间上较分散。长三角、珠三角、京津地区等原有集聚中心呈现大幅度向外扩张的趋势，如京津地区集聚中心的范围已扩张至河北，形成京津唐这一新的集聚中心，长三角集聚中心在核心区密度等级提升的同时其范围也在向苏南、皖东、浙北地区进一步扩张。这主要是由于经济发展水平的提高进一步推动了中技术制造业产品需求的提升，并且由于发达地区生产成本、环境压力的增加，中技术制造业开始向发达城市的周边地区扩散。同时该阶段在辽中南地区、河北南部、河南北部、湖北中部、福建南部等区域产生了数量较多的新集聚中心，促进了中技术制造业多点分散发展模式的形成。这些新集聚中心的形成主要是由于这些区域本身多具有一定的煤、铁、石油等矿产资源优势，并且重工业发展的基础相对较好，另外，随着社会经济的发展和市场需求的增加，国家对矿产资源开发的行政准入管制也有所放松，部分矿产资源产业开放性逐步增强（谢里，2012），产业链开始向上下游不断延伸，进一步促成新集聚中心的形成。

2008年，随着产业发展速度的加快，中国中技术制造业集聚区在分布密度、范围等方面开始超过低技术制造业，以长三角、环渤海、珠三角为核心，进入多核集聚阶段。其中，北方地区主要以京津唐地区为极核，形成包括京津冀、辽中南、山东半岛在内的环渤海集聚中心；山西、河北、河南的交界区域形成蔓延扩张的集聚中心，与环渤海集聚中心连成一片；在河套地区、黑龙江西部、新疆北部、甘肃中部、陕西北部等地形成数量较多的次级集聚中心。南方地区则以沪宁杭地区为极核，形成包括浙江、苏南、皖东在内的长三角集聚中心；珠三角集聚中心的范围扩展至粤西地区；在福建沿海、武汉、长株潭、成渝等地也形成数量较多的次级集聚中心。中技术制造业空间格局的演化态势与市场需求的扩大、交通条件的改善、矿产资源的分布等因素密切相关，同时，由于该阶段部分中西部地区政府偏好将石化、钢铁等产业作为主导产业进行培育，也客观上推动了部分次级集聚中心的形成。

2013年，随着产业发展速度的进一步加快，中技术制造业在整个东部以及中部的大部分地区蔓延分布，并且西部地区也有数量较多的次级集聚中心，总体来看，随着产业的不断扩张与转移，中技术制造业的空间布局进一步加速重构，进入东中转移的发展阶段。该阶段分别形成了由长三角地区、珠三角地区、环渤海地区所构成的中技术制造业"三核心"区域，主要是由市场需求、交通区位、技术水平等因素所共同决定的。同时，随着区域间产业转移势头的强化，东部地区在产业发展日趋饱和的情形下将部分中技术制造业转移至邻近的中部地区，带动了中部地区中技术制造业的发展。另外，伴随资源开发利用水平的提升以及部分产业的转入，一些西部地区省会城市、矿业城市的中技术制造业也加速发展，各省基本都形成了小范围集聚中心。

2. 重心及标准差椭圆分析

从重心的分布情况来看（见表3-5），与上文分析的制造业总体规模、低技术制造业规模的重心相比，中国中技术制造业规模在各研究年份的重心均偏西、偏北不少。1998～2013年，中技术制造业的重心在阜阳市和亳州市境内交替移动，总体在115°41′10″E至116°07′54″E、32°58′47″N至33°36′04″N之间变动。从重心移动方向来看，由于中技术制造业主要起步发展于长三角地区和珠三角地区，因此其重心的起始点同样处在最南部。其后由于北方地区中技术制造业具有更快的发展速度，因此其重心开始持续性由南向北移动，但移动的距离和速度不断减小。同时，随着中西部地区资源优势的显现以及区域间产业转移的加快，中技术制造业的重心在短暂经历了向东部地区小幅度移动后，于2003年开始加速向西移动。

表3-5　1998～2013年中国中技术制造业规模重心的迁移方向与距离

年份	重心点坐标	移动距离（千米）	东西向距离（千米）	南北向距离（千米）	移动速度（千米/年）	东西向速度（千米/年）	南北向速度（千米/年）
1998	116°01′25″E；32°58′47″N						
2003	116°07′54″E；33°18′07″N	36.66	4.93	36.40	7.332	0.986	7.28
2008	116°00′42″E；33°36′04″N	34.45	15.53	31.03	6.89	3.106	6.206
2013	115°41′10″E；33°28′04″N	33.19	27.64	18.50	6.638	5.528	3.7

从标准差椭圆的计算结果可以看出（见表3-6），中技术制造业标准差椭圆的面积相对较大且呈现先增大后缩小的趋势，表明中国中技术制造业空间分布的集聚程度相对更低，先趋于分散后趋于集中，且集聚程度总体上有所加强。同时，伴随产业重心的迁移，中国中技术制造业标准差椭

圆的覆盖范围整体在向西北方向移动。

进一步对各研究年份的转角 θ 进行测算，可以看出各研究年份转角同样呈现先减小后增大的趋势，但由于中技术制造业的东南沿海偏向性相对较弱，因此转角 θ 相对更小。具体来看，由于 1998 ~ 2008 年位于主轴东南方向的长三角、珠三角、山东半岛等地区中技术制造业的快速发展，使得转角 θ 由 15.20 度减小至 8.18 度，2008 ~ 2013 年由于主轴西北方向的河南、陕西、河北以及部分西北地区通过承接产业转移以及挖掘资源优势带动了中技术制造业的快速提升，因此转角 θ 由 8.18 度增加到 12.94 度。从标准差椭圆主轴（长轴）、辅轴（短轴）的长度来看，1998 ~ 2013 年主轴、辅轴均经历了先延长后缩短的变化，其中，主轴由 1998 年的 4107.07 千米延长至 2008 年的 4174.22 千米，随后缩短至 2013 年的 4155.68 千米，辅轴则先由 1998 年的 1014.26 千米延伸至 2003 年的 1019.16 千米，随后缩短至 2008 年的 1070.94 千米和 2013 年的 1024.72 千米，表明中技术制造业空间分布在主、辅轴方向都经历了先分散后极化的过程。

表 3 - 6　1998 ~ 2013 年中国中技术制造业规模空间分布的标准差椭圆参数

年份	1998	2003	2008	2013
面积（万平方千米）	224.63	226.45	218.59	215.41
转角 θ（度）	15.20	9.83	8.18	12.94
沿 y 轴的标准差（千米）	1003.63	971.12	958.77	959.39
沿 x 轴的标准差（千米）	712.48	742.28	725.77	714.74

（四）高技术制造业规模的时空格局

1. 空间格局分析

同样基于 ArcGIS10.3 软件的空间分析工具，根据各研究单元高技术制造业密度值的分布情况，以 0.1、0.4、1、1.5 为断裂点将研究区划分为低密度区、较低密度区、中等密度区、中高密度区和高密度区五种区域类型。结果表明，与低技术、中技术制造业相比，中国高技术制造业始终高度集中分布于东部沿海地区，直到 2013 年都未呈现大规模向内陆地区转移的态势。中国高技术制造业的空间结构模式大致经历了沿海起步—沿海集聚—沿海扩散的演变过程。

1998～2003 年，中国高技术制造业起步发展于东部沿海地区，其中，1998 年以长三角和珠三角地区的少数核心城市为极核，出现两个范围较小的集聚区。2003 年，在原有两个集聚区范围有所扩大的同时，形成一个以京津为核心的新集聚区，但集聚范围相对较小。中国高技术制造业从东部沿海发达地区起步主要是由于：首先，以通信设备、计算机等产业为代表，中国高技术制造业多源于"三来一补"的代工生产（OEM），因此在早期阶段多分布在率先融入全球生产网络、对外经济发达的南方沿海地区（李燕和贺灿飞，2013）；其次，高技术制造业对区域的人才供给、科技水平、创新能力和产业配套设施的要求较高（王俊松，2014），其发展需要一定的高级生产要素做支撑，如高校、研究机构、高新技术开发区等。因而，长三角、珠三角、京津地区作为中国对外经济最发达同时也是创新水平最高的区域，无疑成为中国高技术产业起步发展的最佳区位。

2008 年，随着科教兴国、高新技术产业开发区等战略的提出和实施，中国加大了对高技术产业的投入力度，促进了高技术制造业的迅速发展，并且在空间分布方面开始进入沿海集聚阶段。一是随着高技术产业集聚程度的强化，长三角、珠三角地区的区域生产网络开始重构，高技术制造业的部分生产环节由核心城市向城市群外围地区转移（王俊松，2014），带动了整个城市群高技术制造业发展水平的提升，此时长三角集聚区的范围已经扩展至浙北、苏南、皖东地区。二是作为中国科教事业的中心区域，京津地区自"十一五"以来主张加快推进科技创新产业和高技术产业的发展，带动了高技术制造业的快速提升，使得京津地区集聚中心的面积也有较大幅度的扩张。三是由于山东、辽宁等省具备较好的产业发展基础，在产业转移的背景下，主张通过引进技术等级较高的产业来打造高端产业聚集区（刘清春等，2017），因此，在山东半岛、辽东半岛等沿海地区也形成了新的高技术制造业集聚区。四是得益于优良的产业发展基础和内陆科教中心的地位，武汉、重庆的高技术制造业也有较好发展，源于汽车等高技术产业的集群发展优势，长春的高技术产业同样呈现较好的发展势头，但与沿海地区相比，以上三个城市高技术制造业的集聚程度尚且较低。

2013 年，随着沿海核心城市及区域不断加快产业结构升级的步伐，部分高技术制造业加速从沿海核心地区转移至沿海边缘地区，带动了整个沿海地区高技术制造业的发展，高技术制造业开始进入沿海扩散阶段。首先，泛长三角地区成为全国尺度下高技术发展的核心区域，高密度区的面积大幅度扩张，珠三角地区和京津地区成为次级核心区域，密度等级低于长三角地区但高于其余地区。其次，山东高技术产业的发展势头强劲，集聚区的覆盖范围由山东半岛扩展至整个山东省，但密度等级相对较低。另外，辽中南地区分别围绕沈阳、大连形成一定规模的集聚中心，福建沿海地区以厦门为核心也出现一个面积相对较小的集聚中心。当然值得注意的是，尽管高技术制造业主要分布在沿海地区，但内陆部分区域中心城市——武汉、长沙、重庆、成都、长春、西安的高技术制造业也拥有较快的发展速度，形成若干数量的点状集聚区，表明中国高技术制造业开始出现由沿海地区向内陆地区扩散的趋势。该阶段中国高技术制造业的扩散趋势是以从沿海核心区向沿海边缘区扩散为主，同时也辅以从沿海地区转移至内陆中心城市。深入分析其原因，由于出现产业扩散的这部分高技术制造业相对而言从事的大多是技术含量相对较低的代工生产环节，如计算机的组装生产，沿海边缘地区一方面拥有相对较低的生产要素成本，另一方面便于与沿海核心地区的母公司及管理部门建立更便捷的生产协作关系，因此成为承接高技术产业转移的最佳区位。当然，随着投资环境的不断改善，高技术制造业也开始转移至部分发展基础较好、区位条件优越的中西部地区，如 2005 年前后，成都吸引了英特尔、德州仪器等全球知名企业的入驻，随着上下游配套企业的完善，带动了其电子信息等高技术制造业的迅速发展。

2. 重心及标准差椭圆分析

从重心的分布情况来看（见表 3 - 7），与上文分析的低技术、中技术制造业的重心相比,中国高技术制造业分布的核心区域主要包括东南沿海的长三角、珠三角地区,因此各研究年份的重心均偏东、偏南不少。1998～2013年,高技术制造业的重心在六安市和合肥市境内交替移动,总体在116°34′19″E至117°00′05″E、31°29′57″N至32°10′02″N之间变动。从南—北方向的移动趋势来看,以2003年为转折点,高技术制造业的重心先是大幅度向南移动,随后加速向北移动;从东—西方向的移动趋势来看,同样是以2003年为转折点,高技术制造业的重心先是大幅度向东移动,随后加速向西移动。

表3－7 1998～2013年中国高技术制造业规模重心的迁移方向与距离

年份	重心点坐标	移动距离(千米)	东西向距离(千米)	南北向距离(千米)	移动速度(千米/年)	东西向速度(千米/年)	南北向速度(千米/年)
1998	116°39′16″E; 32°05′39″N						
2003	116°59′49″E; 31°29′57″N	72.94	41.72	59.91	14.588	8.344	11.982
2008	117°00′05″E; 31°44′44″N	27.12	3.70	27.01	5.424	0.74	5.402
2013	116°34′19″E; 32°10′02″N	61.41	46.85	39.72	12.282	9.37	7.944

从标准差椭圆的计算结果可以看出(见表3－8),与其他技术等级制造业相比,高技术制造业标准差椭圆的面积最小,表明中国高技术制造业在空间分布上的集聚程度最高。标准差椭圆的面积呈现先缩小后增大的趋势,表明1998～2008年高技术制造业仍处在不断集聚的阶段,而2008～2013年才开始出现小范围的扩散。同时,标准差椭圆的覆盖范围整体先向东南方向移动后向西北方向移动。

进一步对各研究年份的转角 θ 进行测算,可以看出各研究年份转角同样呈现先减小后增大的趋势,但由于高技术制造业更加偏向在东南沿海地区集聚,因此转角 θ 相对更大。具体来看,由于 1998～2003 年主轴东南方向的长三角、珠三角地区为全国尺度下的高技术制造业起步发展区域,使得转角 θ 由 15.56 度减小至 12.73 度,而 2003～2013 年由于主轴西北方向的京津地区、山东半岛、中原地区在政府政策导向以及产业转移等背景下加快了高技术制造业的发展步伐,形成了集聚分布的态势,因此转角 θ 由 12.73 度再次增加到 15.53 度。从标准差椭圆主轴(长轴)、辅轴(短轴)的长度来看,主轴经历了先缩短后延长的变化,由 1998 年的 4019.36 千米缩短至 2003 年的 3959.47 千米,随后延长至 2008 年的 3968.33 千米和 2013 年的 4026.16 千米,表明高技术制造业的空间分布在主轴方向经历了先极化后扩散的过程;辅轴则相反,经历了先延长后缩短的变化,由 1998 年的 1086.24 千米延伸至 2003 年的 1127.88 千米,随后缩短至 2008 年的 1124.18 千米和 2013 年的 1077.43 千米,表明高技术制造业在辅轴方向经历了先扩散后极化的过程。

表 3-8　1998～2013 年中国高技术制造业规模空间分布的标准差椭圆参数

年份	1998	2003	2008	2013
面积(万平方千米)	183.94	173.52	167.76	171.50
转角 θ(度)	15.56	12.73	13.33	15.53
沿 y 轴的标准差(千米)	992.86	1006.37	957.10	940.09
沿 x 轴的标准差(千米)	589.75	548.89	558.03	580.24

四、本章小结

1998～2013 年,中国制造业经历了一个显著增长的过程,基于可比价的制造业总产值在 15 年内增长了 10.67 倍之多，反映出中国在该阶段作为"世界工厂"的客观事实。从空间分布来看，以胡焕庸线为界，中国制造业规模在两侧的分布差异明显，空间分布格局整体上产生了较大变化，对应的地域空间结构大致由 1998 年的初级均衡模式演变为 2003 年、2008 年沿海与内陆间的核心—边缘模式以及 2013 年东部、中部与西部地区间的核心—次核心—边缘模式。重心和标准差椭圆的计算结果表明，1998~2003 年，由于浙江、广东、江苏、福建等东南沿海省份制造业规模的快速扩张，因此，制造业规模的重心总体在向东南方向移动。2003~2013 年，随着东南沿海地区产业发展环境的改变和国家产业转移政策的导向，中国制造业规模的重心开始发生逆转，呈现加快向西北方向移动的趋势，其中，2003~2008 年主要体现为北上的趋势，2008~2013 年主要体现为西进的趋势。通过对制造业规模分布的标准差椭圆分析进一步表明，中国制造业规模的空间分布先趋于集中后趋于分散，且总体上分布的集聚程度有所加强。

1998~2013 年，中国不同技术等级制造业规模的增长幅度存在较大差异，呈现中技术产业（12.02 倍）＞高技术产业（11.71 倍）＞低技术产业（8.23 倍）的趋势，可初步表明该阶段中国制造业整体上存在产业结构升级的趋势。但与此同时，由于不同技术等级制造业的性质、产业发展需求以及国家政策导向的差异，导致不同技术等级制造业的空间分布格局及其对应的空间结构模式也存在不同的成长路径。其中，由于低技术制造业主要以出口加工型产业为主，更加偏向在南方沿海地区集聚分布，但相对而言也更容易被转移，对应的空间结构模式大致经历了沿海起步—沿海集聚—沿海扩散—内陆转移的演变过程；中技术制造业对矿产资源的依赖程度较高，规模分布更加偏西、偏北，对应的空间结构模式大致经历了沿海起步—多点分散—多核集聚—东中转移的演变过程；高技术制造业的发展需要大量高级生产要素做支撑，规模分布更加偏东、偏南，对应的空间结构模式大致经历了沿海起步—沿海集聚—沿海扩散的演变过程。

第四章

中国制造业结构高级度的时空格局

产业结构转变是理解发达国家与发展中国家经济发展区别的核心变量，同时也是后发国家加快经济发展的本质要求（Syrquin & Chenery，1989；干春晖等，2011）。第三章分析了中国区域制造业以及不同技术等级制造业规模的时空格局，对应了中国制造业存在的一个结构性矛盾——产业空间分布不均的问题，但难以回答中国制造业存在的另一个结构性矛盾——产业结构高级度不高的问题。因此，本章依然借鉴 OECD 的产业分类方式，将制造业依次划分为低技术、中技术和高技术制造业，并在此基础上采用学界运用广泛的结构相似系数法测度产业结构高级度（UPG）指数，对中国制造业产业结构高级度的时空格局展开深入分析。尝试回答如下具体问题：中国制造业结构高级度是否在长时序上实现了提升？与制造业规模空间呈现的核心—边缘结构相比，中国制造业结构高级度的空间格局如何，有何演化趋势？影响中国制造业结构高级度的具体因素有哪些，各因素随时间的重要性发生了何种变化？

一、研究方法

（一）产业结构高级度（UPG）指数

如上文所述，本书借鉴了经济合作与发展组织（OECD）的产业分类标准和已有的研究成果，将制造业分为低技术产业、中技术产业、高技术产业三类。结合数据特征，进一步采用改进的结构相似系数法（又称夹角余弦法）对制造业结构高级度进行测算。计算原理及步骤如下（付凌晖，2010）：首先，将上述各类产业产值占所有产值的比重作为空间向量的一个分量，构成一组三维向量 $X_0 = (X_{1,0}, X_{2,0}, X_{3,0})$；其次，分别计算 X_0 与产业由低层次到高层次排列的向量 $X_1 = (1, 0, 0)$、$X_2 = (0, 1, 0)$、$X_3 = (0, 0, 1)$ 的夹角 θ_1、θ_2、θ_3：

$$\theta_i = arccos \frac{\sum_{i=1}^{3} (x_{i,j} \times x_{i,0})}{\sum_{i=1}^{3} (x_{i,j}^2)^{1/2} \times \sum_{i=1}^{3} (x_{i,0}^2)^{1/2}} \tag{4-1}$$

最后，定义产业结构高级度指数的计算公式如下：

$$UPG = \sum_{k=1}^{3} \sum_{j=1}^{k} \theta_i \tag{4-2}$$

式中，UPG 为制造业结构高级度指数，该指数越大表明产业结构高级度水平越高。

（二）冷热点分析

为进一步明确区域产业结构高级度的空间分布模式及其演变趋势，采用 Getis – OrdG^* 指数测度城市制造业 UPG 指数的热点和冷点区域，计算公式如下（海贝贝等，2013）：

$$G_i^*(d) = \sum_{i=1}^n w_{ij}(d)x_i \Big/ \sum_{i=1}^n x_i \qquad (4-3)$$

式中，如果 Getis – OrdG^* 指数显著为正，表明 i 地区及其周围的值相对较高，属于热点区域；反之则为冷点区域。x_i 为地区单元 i 的观测值；w_{ij} 为空间权重矩阵，空间相邻取值为 1，不相邻取值为 0。

（三）空间回归分析

考虑产业结构高级度指数很有可能具有空间依赖性，因此，引入考虑空间相关因素的空间回归模型对城市制造业 UPG 指数的影响因素进行分析，常用的空间回归模型包括空间滞后模型（SLM）和空间误差模型（SEM），其模型表达式分别为（王承云，2017）：

$$y = \rho Wy + X\beta + \varepsilon \qquad (4-4)$$

$$y = X\beta + (1 - \lambda W)^{-1}\varepsilon \qquad (4-5)$$

式中，参数 β 反映了自变量对因变量的影响程度；ρ 为空间滞后变量的回归系数，其大小能够测度要素空间扩散或空间溢出程度；λ 为空间误差系数，衡量数值的空间依赖作用。

二、中国制造业结构高级度的多尺度时空格局特征

（一）国家尺度制造业 UPG 指数的变化特征

表 4 – 1 为通过规模以上企业汇总的 1998～2013 年中国制造业企业数量、总产值、各技术层次制造业产值以及 UPG 指数等信息。从中可以看出，中国制造业总产值在 1998 年、2003 年、2008 年、2013 年分别为 59250

表4-1   1998~2013年中国不同技术层次制造业产值与UPG指数的演变

年份	制造业企业数量（家）	低技术产业产值（亿元）	中技术产业产值（亿元）	高技术产业产值（亿元）	所有制造业产值（亿元）	高技术产业产值比重（%）	UPG 指数
1998	127009	19020	15384	24846	59250	41.93	5.987
2003	171035	34090	33918	60202	128210	46.96	6.241
2008	382436	82731	93734	154994	331459	46.76	6.267
2013	319653	175622	200290	315685	691597	45.65	6.225

亿元、128210亿元、331459亿元、691597亿元，15年间增长了10.67倍，体现出中国作为"世界工厂"的事实。其中，低技术、中技术、高技术产业产值分别增长了8.23倍、12.02倍、11.71倍，中、高技术制造业的更快提升，表明中国制造业呈现由低价值链活动向中高价值链活动攀升的产业升级趋势。高技术产业产值在三类产业中始终处于领先，自1998年，占全部制造业产值比重超过40%，到2003年达到峰值的46.96%，随后直至2013年，比重变化不大。

通过产业结构高级度（UPG）指数的计算发现，伴随产值的增加及不同技术层次产业间结构的调整，中国制造业UPG指数在1998年、2003年、2008年、2013年分别为5.987、6.241、6.267、6.225，进一步证实了中国制造业的结构高级度在长时序上的确实现了提升，存在较显著的产业结构升级效应。其中，提升幅度最大时段为1998~2003年，UPG指数增加了0.254，该时期中国刚由工业化初期阶段迈入工业化加速阶段，中央政府高度重视经济体制改革、对外开放、科教兴国、高新技术产业开发区等战略和政策在经济发展中的重要性，尤其在投资方面，要求限制一般性工业项目的扩大，加大对高技术产业的投入力度，从而有利于推动更高技术层次制造业的快速发展。同时，尽管2003~2008年高技术产业产值比重略有下降，但UPG指数仍维持小幅增长，增加了0.026。深入观察发现，这是因为与低技术产业提升了1.43倍相比，中技术产业具有明显更

大的提升幅度，达 1.76 倍。进一步关注金融危机以来的情况，2008 ~
2013 年，无论是高技术产业比重还是 UPG 指数都发生了轻微下滑，2013
年较 2008 年分别降低了 1.11% 及 0.042。这主要可从以下方面得到解释：
首先，由于与传统低技术产业相比，高技术产业的需求弹性更大、产业链
条更长，金融危机对高技术产业的冲击更大（金碚等，2009）。其次，金
融危机以来，政府为提升经济增长质量，更加强调产业发展模式由要素驱
动向创新驱动转变、创新模式由外部引进创新向自主创新转变（龚刚等，
2017），这种转变需要一段时期的磨合与调试，也可能导致 UPG 指数出现
短期震荡。另外，该时期东北等传统工业基地的结构性衰退也会引起国家
尺度 UPG 指数的下滑。

（二）区域尺度制造业 UPG 指数的变化特征

进一步分析区域尺度制造业 UPG 指数的变化特征，根据研究惯例，将
中国划分为东部、中部、西部、东北四大板块。其中，东部地区包括北
京、天津、河北、上海、江苏、浙江、福建、山东、广东、海南 10 地；
中部地区包括山西、安徽、江西、河南、湖北、湖南 6 地；西部地区包括
重庆、四川、贵州、云南、西藏、陕西、甘肃、青海、宁夏、新疆、内蒙
古、广西 12 地；东北地区包括辽宁、吉林、黑龙江 3 地。

表 4 - 2 汇总了 1998 ~ 2013 年中国区域尺度 UPG 指数的相关信息。总
体而言，与制造业规模呈现的东—中—西梯度降低格局有所不同，中国制
造业 UPG 指数在板块间并未表现出东西向的梯度衰减规律。①从 1998 ~
2013 年的整体情况看，全国平均 UPG 指数为 6.226，但板块间差距明显，
仅东部地区在平均值以上，UPG 指数整体由东部地区（6.357）→东北地
区（6.157）→西部地区（5.983）→中部地区（5.955）递次降低。过大
的板块间差距使得全国制造业 UPG 指数主要依赖东部地区的拉动，这会在
一定程度上掩盖中西部地区 UPG 指数较低的事实。②从年度变化看，1998 ~
2003 年，东北地区 UPG 指数在四个板块中处于领先位置，但随着传统工
业基地的衰退，其随后出现大幅下滑，而东部地区相反，出现快速提升，

表4-2　1998~2013年区域尺度制造业 UPG 指数及其差异演变

年份	1998	2003	2008	2013	1998~2013 平均
东部	6.030 (100.72)	6.321 (101.28)	6.388 (101.93)	6.381 (102.51)	6.357 (102.10)
中部	5.782 (96.58)	5.949 (95.32)	5.950 (94.94)	5.971 (95.92)	5.955 (95.65)
西部	5.874 (98.11)	5.979 (95.80)	5.977 (95.37)	5.996 (96.32)	5.983 (96.10)
东北	6.291 (105.08)	6.480 (103.83)	6.226 (99.35)	6.069 (97.49)	6.157 (98.89)
全国	5.987 (100)	6.241 (100)	6.267 (100)	6.225 (100)	6.226 (100)
板块间标准差指数	0.2228	0.2607	0.2095	0.1890	0.1854
板块间变异系数	0.0372	0.0418	0.0334	0.0304	0.0298

注：括号内数值为全国平均水平的比值乘以100。

从2008年开始成为 UPG 指数最高的板块。同时，2013年东部地区制造业 UPG 指数较2008年略微下降了0.007，主要因为东部地区是全国对外经济的"前沿阵地"，受到金融危机的外部冲击相对更大。另外，还需注意的是，中部和西部地区始终处于底端位置，且与东部地区的差距越拉越大，直到2013年都未达到东部地区1998年的水平。③从差异演变看，1998~2013年，板块间 UPG 指数的标准差指数和变异系数均呈先升后降的趋势，说明板块间 UPG 指数的差异是先扩大后缩小的。其中，2003年为差异最大年份，标准差指数和变异系数均达到峰值，分别为0.2607和0.0418，其后差异不断缩小，两个测度指标在2013年分别下降至0.1890和0.0304，较1998年分别降低了0.0338和0.0068。但从指标背后的实际数据来看，以1998年为参照，2013年中部和西部地区 UPG 指数相对于全国平均水平有所下降，分别降低了0.66%和1.79%，东部地区虽有所上升，但上升幅度也很有限，为1.79%。因此，板块间差异的缩小实际上是由于东北地区的快速下滑所致。东北地区作为老工业基地，长期依赖资源开发的区域发展模式（张平宇等，2004），导致在市场化环境下凸显出经济结构单一、产业升级动力不足、制度僵化、创新活力不够等一系列结构性和制度性矛盾，使得东北地区 UPG 指数由全国平均水平的 105.08% 下降至97.49%，降低了多达 7.59%。

上述分析揭示了中国制造业结构高级度在板块间存在的两大突出矛盾：一方面，中西部地区陷入"弱者恒弱"的路径锁定中而难以实现路径突破；另一方面，东北地区制造业结构高级度出现的持续性快速下滑，是未来国家区域发展战略需特别关注的。

（三）省域尺度制造业 UPG 指数的变化特征

图 4-1 汇总了 1998~2013 年中国 31 个省域的 UPG 指数相关信息，从中可以看出，中国省域 UPG 指数不同，且随时间存在不同的演进态势。

从 1998~2013 年的整体情况看，省域间制造业 UPG 指数差异较大。UPG 指数超过 6.5 的包括北京（7.06）、重庆（7.01）、上海（6.96）、江苏（6.70）、天津（6.62）、广东（6.58），另外，吉林由于汽车、医药等高技术产业具有良好的集群发展态势，UPG 指数达到 6.62。高值省域包含了所有的直辖市和部分位于长三角、珠三角的沿海省份，主要是因为这些省域本身就具有优越的产业区位条件和发展基础，加上又是改革开放以来对外开放的政策高地，率先吸引外资并融入全球生产网络，使得 UPG 指数处于较高水平。低值省域基本分布在各个方向的内陆边疆地带，如云南（5.42）、黑龙江（5.48）、西藏（5.51）、内蒙古（5.58）为 UPG 指数较低的四个省域。这些省域制造业发展的底子薄、基础差，又长期缺乏国家的政策扶持，导致 UPG 指数极低。另外，地处东南沿海的福建，虽具有较高的制造业产值，但 UPG 指数仅为 5.60，排名倒数第五，主要是因为该省的产业重心集中在纺织、服装、鞋帽等劳动力密集型产业。

1998~2013 年，有 21 个省域的 UPG 指数在上升，10 个省域的 UPG 指数出现下降。其中，增幅最大的为北京，由 6.56 增加至 7.22，增长了0.66，按照增长量，排名前五位的依次还包括江苏（0.65）、新疆（0.59）、

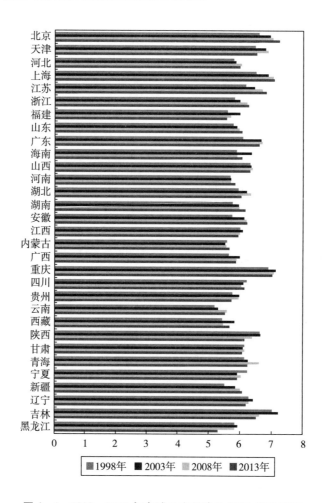

图4-1 1998~2013年省域尺度制造业UPG指数演变

上海（0.58）、广东（0.53）。UPG指数的增长空间与分布空间具有部分一致性，表现为东部沿海省域UPG指数较高的同时提升幅度也较大。新疆虽然UPG指数基数低，但突出的地缘优势逐渐受到国家重视，在发挥资源优势的基础上以加工贸易的方式融入全球生产网络（姚志毅和张亚斌，2011），使得其UPG指数在研究中后期大幅提升。10个UPG指数出现下降的省域分别为黑龙江（-0.52）、吉林（-0.51）、陕西（-0.47）、宁夏（-0.35）、辽宁（-0.10）、四川（-0.07）、甘肃（-0.07）、江西（-0.04）、福建

（-0.02）、贵州（-0.01）。出现下降的省域主要位于东北和中西部地区，其中，东北地区的下降主要在于传统产业基地的内生性结构衰退，而中西部省域的下降则更可能与中国区域产业转移态势密切相关。有研究指出，21世纪初以来，中国部分劳动力、资源密集型制造业开始由东部向中西部地区转移（石敏俊等，2013；原嫄等，2015），而本书 UPG 指数下降的如江西、四川、贵州、甘肃等省域为典型的劳动力、自然资源丰富地区，因此极有可能由于接纳了东部地区产业转移，导致 UPG 指数出现不同程度的下降。另外，福建不仅 UPG 指数较低，同时也是唯一出现下降的东部省域，这与其长期依赖低技术的劳动力密集型产业密切相关，加上 2008 年以来金融危机对内外市场的冲击，共同导致了 UPG 指数发生下降。

（四）城市尺度制造业 UPG 指数的变化特征

进一步关注 1998～2013 年中国城市尺度制造业 UPG 指数的变化特征，为便于观察空间格局演变规律，对各年份城市尺度的 UPG 指数进行冷热点分析。结果表明，中国城市单元制造业 UPG 指数的热点区域经历了较大变化：一方面，多数北方传统工业城市的 UPG 指数快速下滑，东北、黄河中游、陕甘宁等地区的热点城市数量骤减；另一方面，除福建外，大量东部沿海城市的 UPG 指数显著提升，沿海岸带逐步形成热点及次热点城市连绵分布的态势。相反的是，中国城市制造业 UPG 指数的冷点区域比较稳定，主要分布在西部地区和东北地区，以自然条件和区位条件较差的边疆城市和民族聚居城市居多。总体上，伴随热点区域的东移南下，中国城市尺度的制造业 UPG 指数逐步在全国范围内形成以长三角地区为导向的核心—边缘模式。

1998 年，中国城市单元制造业 UPG 指数极值区主要位于北方地区，尤其自东北的吉林、辽宁两省，经京津唐、黄河中游地区，一直延伸至西北的陕、甘、宁三省区，出现一条横跨四大板块的热点城市集聚带。该集聚带对应了中国煤、铁、石油等矿产的主产区，是自计划经济时期以来国家重点建设的重工业基地，石化、机械等技术层次较高的产业相对发达。与此同时，自 20 世纪 90 年代浦东开发以来，长三角地区成为全国对外开放的政策高地，外资的大量进入加速了电子信息等产业融入全球生产网络的进程，长三角地区出现包括上海、苏南、浙北在内的 UPG 指数热点城市集聚区。此外，珠三角地区虽然也较早享受经济特区、沿海开放城市等对外开放政策，但由于初期阶段其外资多来自邻近的港澳地区（Huang & Wei，2016），产业发展以劳动力密集型的服装、鞋帽、玩具等轻工业为主，因而尚未显著带动 UPG 指数的提升。例如，广州的 UPG 指数为 5.80，与上海、南京、杭州等城市的差距较大，珠三角地区未形成 UPG 指数热点及次热点城市。

2003 年，随着全球化、市场化进程开始深化，中国城市单元制造业 UPG 指数在延续已有格局的同时也发生了一些变化。一方面，传统重工业城市的地位开始下滑，尤其吉林、黄河中游、甘宁地区的热点城市数量显著下降。另一方面，位于长三角、珠三角等地区的东南沿海城市的 UPG 指数进一步迅速提升。长三角地区的 UPG 指数热点区域进一步向苏南扩展，这与该时段外商投资和区域生产网络的重组密切相关，Wei（2010）将其归纳为新苏南模式。珠三角地区在国家及地方政策的导向下，以电子、通信设备制造为代表的技术密集型制造业快速发展（夏丽丽和阎小培，2008），深圳、惠州、珠海的 UPG 指数迅速提升至 7.30 以上，整个珠三角地区开始出现较大范围的次热点区集聚态势。另外，长江中下游一些区位优越的城市群区域，尤其武汉、长沙、南昌等核心城市周边，大量城市单元的 UPG 指数也得以提升，且基本成长为次热点区。

2008 年，中国城市单元制造业 UPG 指数空间格局加速分化。一方面，传统产业基地的 UPG 指数进一步下滑，东北老工业基地城市单元的 UPG 指数出现"滑坡式"下降，原有热点城市全部消失，陕西的热点城市数量也快速下降。另一方面，长三角地区在极值区不断极化的同时，一些技术层次相对较高的产业开始在区域内部由核心区向外围扩散（王俊松，2014），带动了整个区域 UPG 指数进一步提升，并形成以上海为核心包括浙江、苏南、皖东的大面积热点城市集聚区。珠三角地区格局与上一时期相比变化不大，高值区未出现明显的进一步扩展，表明珠三角核心区未能很好地发挥其扩散效应，核心区与外围区所形成的中心—外围格局稳固。此外，长江中游地区部分城市单元的 UPG 指数有所下降，次热点城市减少较多，这可能与该阶段长三角、珠三角等沿海发达地区的劳动力密集型产业转移密切相关。

2013 年，中国城市单元制造业 UPG 指数最终在全国范围内形成典型的核心—边缘模式。一方面，金融危机后，长三角地区的核心城市更加专注于发展"高、精、尖"产业，一些原本地位较高的通信设备、计算机等高技术制造业加速向外围区域转移，使得核心城市不断极化的同时带动了外围区域的发展。此时，UPG 指数热点区已囊括了整个长三角地区并扩展至苏北地区，长三角地区成为全国制造业结构高级度的中心区域。另一方面，山东半岛各城市单元的 UPG 指数迅速提升，均上升为次热点区，京津冀、辽中南、山东半岛所组成的环渤海地区成为北方地区制造业结构高级度的中心区域。同时，由于 2008 年广东省政府明确提出"双转移"战略，珠三角地区一些技术层次较高的制造业开始向外围转移（金利霞等，2015），因而部分东、西两翼城市单元的 UPG 指数有所提升。另外，一些位于长江中下游、中原、关中、河套—宁夏平原、河西—天山北坡、成渝等中西部相对发达地区的城市单元具有较高的 UPG 指数，形成次热点城市的小范围集聚。

三、中国城市制造业结构高级度的影响因素分析

（一）中国城市制造业结构高级度的主要影响因素

本节以"供需＋集聚＋政策"的理论框架为切入点，对中国城市单元制造业结构高级度的影响因素展开分析。其中，供给与需求因素是影响城市制造业结构高级度的基础因素，集聚因素和政策因素作为新型因素和变化因素进一步对城市制造业结构高级度产生重要影响。参照已有成果并结合数据的可获取性，重点从人力资本、创新能力、居民消费三方面来探讨供需因素的

作用，分别取劳动力工资的对数（lnWAGE）、科教事业费支出的对数（lnI-NOVA）、人均社会消费品零售总额的对数（lnCONSU）代表；从制造业规模、外资水平来探讨集聚因素的作用，分别取制造业总产值的对数（lnMA-NU）、实际利用外资总额的对数（lnFDI）代表；政策因素通常难以在实证研究中有效使用，本书通过设置两个虚拟变量来测度其对城市制造业 UPG 指数的影响，包括是否位于核心城市群区域（URBAN）及是否有国家级开发区（ZONE）2 个指标。

指标选取依据及主要假设如下：①劳动力工资对应了人力成本和人力素质两方面内涵（陈曦等，2015；阳立高等，2018），可作为人力资本的有效代理变量。一方面，劳动力工资越高，则劳动力成本越高，会压制部分低技术产业的发展；另一方面，劳动力工资越高，则相应的劳动力素质越高，有利于满足中高端制造业的员工需求，推动中技术、高技术制造业的发展。因此，劳动力工资对 UPG 指数的影响预期为正。②创新能力的提升是区域产业结构转型升级的持续动力（黄茂兴和李军军，2009；阳立高等，2018），城市创新能力对 UPG 指数的影响预期为正。③随着收入增加，人们的消费结构会因产品间收入弹性的不同而发生改变，从而从需求端拉动产业结构转型（孙军，2008），居民消费对 UPG 指数的影响预期为正。④产业地理集聚是产业竞争力的重要源泉，企业的空间聚集可充分利用劳动力市场和产品市场促进企业间知识溢出，从而提升企业和产业生产率（贺灿飞等，2008），制造业规模对 UPG 指数的影响预期为正。⑤外商投资的集聚反映了区域产业结构转型可从外部获取各种要素资源的能力，这种外部的支持能力可以加速区域产业结构转型（仇方道等，2016），因此外资水平对 UPG 指数的影响预期为正。⑥改革开放初期，在"先发展东部，然后协同带动中西部"的经济发展战略下，东部沿海部分城市及区域作为对外开放的试验区，率先参与国际分工，成为中国制造业集聚的先发区域（李方一等，2017），本书主要考察长三角、珠三角、京津冀三大核心城市群的影响，城市群的范围参照方创琳等（2005）的研究成果。另外，开发区作为中国探索经济发展政策的另一块试验田，能够通过大量吸引外商投资、创建产业集群、引进高技能劳动力和高科技设备等推动区域产业结构变动（李力行和申广军，2015），本书主要考察国家级经开区和高新区的影响。因此，表征政策因素的 2 个指标对UPG 指数的影响均预期为正。需要说明的是，由于研究早期部分城市单元的指标数据缺失较多，因此仅选取其中 228 个数据相对完整的研究单元参与计算。

（二）模型拟合结果

1. OLS 估计结果

表 4 - 3 汇总了 OLS 估计结果的相关信息。从通过显著性检验的具体变量来看，1998 年，人力资本（lnWAGE）、创新能力（lnINOVA）、制造业规模（lnMANU）与城市制造业 UPG 指数均呈显著正相关关系，外资水平（lnFDI）与城市制造业 UPG 指数呈显著负相关关系；2003 年，创新能力（lnINOVA）、制造业规模（lnMANU）与城市制造业 UPG 指数呈显著正相关关系，外资水平（lnFDI）与城市制造业 UPG 指数呈显著负相关关系；2008年和 2013 年，人力资本（lnWAGE）、开发区（ZONE）与城市制造业 UPG指数均呈显著正相关关系。考虑上文分析，发现城市制造业 UPG 指数的冷热点区域存在较为明显的空间集聚现象，因而城市制造业 UPG 指数可能会存在空间自相关，这样会影响 OLS 模型的有效性。由于 OLS 模型不一定是适用本书的最佳模型，因而此处尚不对各变量展开详细分析。

表 4 - 3　OLS 估计结果

年份 \ 变量	lnWAGE	lnINOVA	lnCONSU	lnMANU	lnFDI	URBAN	ZONE	模型主要参数
1998	0.577 *** (0.001)	0.536 *** (0.000)	-0.090 (0.193)	0.130 *** (0.008)	-0.081 *** (0.000)	-0.055 (0.632)	-0.101 (0.408)	R^2 = 0.216；AIC = 334.757 Log L = -159.378
2003	0.012 (0.865)	0.011 ** (0.014)	-0.027 (0.698)	0.193 *** (0.000)	-0.045 ** (0.036)	-0.119 (0.338)	0.095 (0.396)	R^2 = 0.214；AIC = 370.555 Log L = -177.278
2008	0.730 *** (0.000)	0.003 (0.243)	-0.058 (0.422)	0.065 (0.167)	-0.015 (0.521)	0.095 (0.418)	0.211 ** (0.041)	R^2 = 0.250；AIC = 348.631 Log L = -166.316

续表

年份 \ 变量	ln*WAGE*	ln*INOVA*	ln*CONSU*	ln*MANU*	ln*FDI*	*URBAN*	*ZONE*	模型主要参数
2013	1.468 *** (0.000)	−0.001 (0.926)	0.168 (0.147)	0.025 (0.774)	−0.011 (0.791)	0.171 (0.394)	0.331 ** (0.027)	$R^2 = 0.274$；AIC $= 335.095$ Log L $= -159.547$

注：括号内数值为 P 值；*** 表示在 1% 的水平上显著；** 表示在 5% 的水平上显著；* 表示在 10% 的水平上显著。

通过 Geoda 软件的计算，发现四个年份中国城市单元制造业 UPG 指数的 Moran's I 值分别达到 0.201、0.171、0.205、0.278，并且通过了 1% 的显著性检验，说明城市单元制造业 UPG 指数确实具有显著的空间正相关，也即高值区与高值区或者低值区与低值区之间呈现一定的集聚分布态势，并不符合 OLS 独立样本假设。因此，需要进一步使用考虑空间依赖因素的空间回归模型。

2. 空间回归模型估计结果

表 4 −4 汇总了空间回归模型估计结果的相关信息。首先，通过对比 OLS 模型和空间回归模型的对数似然函数值（LogL）来科学判断空间回归模型与传统 OLS 模型的优劣，LogL 越大表明模型越优。结果显示，四个研究年份空间误差模型（SEM）的 LogL 均大于 OLS 模型，且赤池信息准则（AIC）均比 OLS 小，因此，空间回归模型比传统 OLS 模型更优，拟合效果更好。其次，在判别空间误差模型（SEM）和空间滞后模型（SLM）的优劣时，通常使用两个拉格朗日乘数（LM − Error 和 LM − Lag）进行检验，根据这两个统计量是否显著来选择回归模型。如果 LM − Error 和 LM − Lag 均显著，则比较稳健情况下两个统计量即 Robust LM − Error 和 Robust LM − Lag 的显著性进行模型优劣的判断。从检验结果看，1998 年、2003 年、2008 年的 LM − Error 和 Robust LM − Error 均通过显著性检验，而 2013 年的 LM − Error 和 LM − Lag 通过显著性检验，但 Robust LM − Lag 未通过检验。因此，SEM 为本书最优模型。

表4－4　空间滞后模型和空间误差模型的估计结果

年份 变量	1998		2003		2008		2013	
	SEM	SLM	SEM	SLM	SEM	SLM	SEM	SLM
常数	1.019	0.555	4.892***	4.892***	-1.447	-1.150	-13.668***	-15.770***
ln*WAGE*	0.563***	0.620	0.013	0.016	0.741***	0.726***	1.280***	1.495***
ln*INOVA*	0.467***	0.525	0.011**	0.011**	0.003	0.004	0.001	0.002
ln*CONSU*	-0.087	-0.082	-0.028	-0.026	-0.045	-0.059	0.203*	0.159
ln*MANU*	0.149***	0.125	0.194***	0.196***	0.068	0.065	0.018	0.017
ln*FDI*	-0.077***	-0.084	-0.046**	-0.051**	-0.017	-0.014	-0.033	-0.029
URBAN	-0.128	-0.064	-0.120	-0.122	0.054	0.098	0.038	0.086
ZONE	-0.083	-0.098	0.095	0.105	0.183*	0.212**	0.317**	0.347**
R^2	0.266	0.220	0.257	0.216	0.270	0.251	0.338	0.292
LogL	-154.293	-158.891	-172.980	-177.027	-164.376	-166.305	-155.165	-159.233
AIC	324.586	335.782	370.555	372.055	344.753	350.610	326.330	336.465
LM-Error	10.113***		8.102***		3.422*		13.290***	
Robust LM-Error	9.231***		7.598***		3.721*		9.047***	
LM-Lag		0.978		0.507		0.020		4.425**
Robust LM-Lag		0.096		0.002		0.319		0.182
空间误差项λ	0.260***		0.246***		0.174**		0.313***	
空间滞后项ρ		0.018		0.014		-0.003		0.121**

注：***表示在1%的水平上显著；**表示在5%的水平上显著；*表示在10%的水平上显著。

从模型估计结果可以看出，各年份进入模型的变量与OLS估计的结果较为一致。除核心城市群（*URBAN*）变量在所有年份均不显著外，其余变量均在不同年份产生过不同程度的显著影响，但年份间进入模型的变量差别较大。考虑1998～2013年中国城市单元制造业UPG指数无论在时间上还是空间上都经历了较大变化，因此城市单元制造业UPG指数的影响因素存在时间异质性，也与现实基本相符。

（1）人力资本变量（ln*WAGE*）与城市制造业UPG指数存在显著的正向关系，在1998年、2008年和2013年通过了显著性检验，且回归系数不断增大并始终对城市制造业 UPG 指数起到主导推动作用。这说明劳动力工资的提高已成为城市制造业 UPG 指数提升的重要推手，与预期方向一致并且支持了已有研究的结论（阳立高，2014）。如前文所述，劳动力工资的提高理论上可同时对低技术制造业产生"推力"并对高技术制造业产生"拉力"，进而推动 UPG 指数的提升。随着中国制造业产业结构整体上获得升级，更高技术层次的制造业已不再主要依赖劳动力成本的比较优势，而是对劳动力素质的诉求更大。但需要说明的是，由于人力资本变量在本模型中作为内生变量，可能会存在内生性问题，因而上述所得结论是审慎的。

（2）创新能力变量（lnINOVA）对城市制造业 UPG 指数存在正向关系，但从 2008 年开始未通过显著性检验，且回归系数不断减小。研究结果验证了创新能力的增加的确能够促进制造业 UPG 指数的提升，但这种提升作用在时序上是不断下降的。这主要是由于政府创新投入存在"覆盖广，不集中"的问题，尤其是在当前政绩考核体系下，地方政府对 GDP 的崇拜导致过度追求经济增长的量化数据，而对创新的投入处于阶段性波动状态，影响了创新活动对产业结构高级度的持续贡献作用（付宏等，2013）。当然，由于数据的限制，本书仅考量了政府创新而未能顾及企业创新的作用，实际上，随着近年来企业创新投入力度的不断加大，其在创新中的作用已越来越明显，这在一定程度上也会导致政府创新作用的相对减弱。

（3）居民消费变量（lnCONSU）对城市制造业 UPG 指数的影响出前期的非显著负向抑制转为 2013 年的显著正向促进。这表明随着中国逐渐进入中上等收入国家，居民消费的增长以及消费结构和环境的改变，正对城市制造业 UPG 指数的提升产生明显增强的贡献。赵昌文等（2015）研究认为，当前中国已经形成一大批中高收入群体，中高收入群体的消费具有"先导型"特点，会对中、低收入群体产生示范效应，从而带动消费观念、消费偏好以及消费方式不断更新。同时，电子商务等新型商业模式的兴起也有力地改善了消费环境，提升了消费意愿。这种居民消费层面的变化会通过市场供需机制反馈到产品生产层面，进而提升城市制造业 UPG 指数。

（4）制造业规模变量（lnMANU）对城市制造业 UPG 指数有较稳定的正向影响，但由前期的显著正向促进转为 2008 年以来的非显著正向促进。研究结果在一定程度上表明，2008 年以来中国城市制造业集聚所产生的外部效应下降明显。这可从两方面得到解释：首先，理论上集聚所带来的外部效应具有阶段性，当集聚规模突破一定阈值后可能导致集聚不经济，鉴于当前中国大部分城市仍处于制造业规模快速扩张阶段，有可能会因为过度集聚使得集聚效应下降并导致对 UPG 指数的影响减弱。其次，2008 年前后中国城市面临严峻的产业同构问题，各地为了发展经济，都将能够迅速带动经济增长的行业作为主导产业，从早期钢铁、石化、能源等到当前的电子信息、汽车、新材料、生物医药等（中国社会科学院工业经济研究所课题组，2010），产业同构导致产能过剩以及区域无序竞争并降低产业经济效益，影响城市制造业 UPG 指数的提升。因此，未来需要限制城市制造业规模的无序扩张，并促进城市间形成合理有序的产业分工体系。

（5）外资水平变量（lnFDI）对城市制造业 UPG 指数有较稳定的负向影响，在 1998 年和 2003 年分别通过了 1% 和 5% 的显著性检验。这说明外资的集聚并未明显推动城市制造业 UPG 指数的提升，相反会起到抑制作用，但这种抑制作用有所减弱。研究早期，由于中国改革开放进程尚未深化，仅对外开放了部分地区和部分产业部门，导致吸引的投资以来自港澳台地区的居多，主要利用廉价的劳动力和土地资源，在南方沿海设立了大量劳动力密集型的中小型工厂（Huang & Wei，2016），因而对制造业 UPG 指数产生较大的抑制作用。其后，随着改革进程的深化，尤其是加入 WTO 后，港澳台地区投资份额逐渐降低，沿海及部分内地大城市吸引到相当多来自欧美发达国家的投资，这些投资虽然有一定技术水准，但主体仍是按照全球价值链分工集中在中低技术层次的制造业，未从整体上推动中国城市制造业 UPG 指数的提升。因此，未来应适当提高外资进入的技术门槛。

（6）核心城市群（URBAN）变量对城市制造业 UPG 指数的影响较小，

由前期的抑制作用转为后期的促进作用,但四个研究年份均未通过显著性检验。研究早期,核心城市群区域主要利用灵活的政策从事产业技术层次相对较低的加工贸易型产业,同时,虽然部分城市具有较高的 UPG 指数,但城市群内部的差异明显,如京津冀城市群,除北京外其余城市的 UPG 值均较低,整体上拉低了核心城市群区域的 UPG 指数。研究中后期,随着资本、人才、技术等要素集聚到一定程度,发展"高、精、尖"制造业成为北京、上海、广州、深圳等城市的普遍选择,并逐步将具有一定技术水平的制造业向城市群外围转移,从整体上带动了核心城市群 UPG 指数的提高,但这种效应尚且不具有全国层面的显著性。

(7)开发区(ZONE)变量对城市制造业 UPG 指数的影响由 1998 年的负向抑制转为 2003 年以来的正向促进,且在 2008 年和 2013 年通过了显著性检验,同时回归系数有不断增大的趋势。这说明开发区对当前城市制造业的发展转型有着重要意义,李力行等(2015)的研究发现,开发区由于享受了诸多优惠政策,同时开发区往往在设立初期便将高技术产业设置为目标行业,因而有效促进了城市产业结构的变动。本书研究进一步认为,这种促进作用是循序渐进的,尤其是自金融危机以来,开启"三次创业"以提高经济发展质量和效益成为国家级开发区的普遍选择,这种集约发展模式下的开发区对城市制造业 UPG 指数的提升尤为重要。

四、本章小结

国家尺度,1998~2013 年中国制造业产值提升了 10.67 倍,成为名副其实的"世界工厂",但相对于水平较低的技术制造业,该阶段中国中技术、高技术制造业拥有明显更快的成长速度。随着不同技术层次产业间结构的调整,中国制造业 UPG 指数由 5.987 提升至 6.225,体现出中国处在由"初级工厂"向"中高级工厂"转型升级的路径中，但全球金融危机以来中国制造业 UPG 指数有小幅下滑。

区域尺度，制造业 UPG 指数未呈现东西向的梯度衰减规律，而是由东部地区→东北地区→西部地区→中部地区递次降低。东北地区在 1998～2003 年处于领先位置，但随着其过度依赖资源开发的发展模式日益受到结构性及制度性因素制约，制造业 UPG 指数随后大幅下降。市场化环境下，东部地区的区位、制度、全球化等有利因素支撑了制造业 UPG 指数的快速提升，而中西部地区始终处于底端位置，且存在"弱者恒弱"路径锁定效应。

省域尺度，直辖市与大部分东部沿海省份的制造业 UPG 指数总体相对较高，且有着更快的成长速度，而中西部尤其是多数边疆省份 UPG 指数始终处于底端位置，且成长缓慢甚至下降。地处东部沿海的福建，虽有较大的制造业规模，但其制造业 UPG 指数较低，且有小幅下降。

城市尺度，中国城市制造业 UPG 指数的热点区域经历了较大变化，东北、黄河中游、陕甘宁等地区多数北方传统工业城市的 UPG 指数快速下滑，热点城市数量骤减，而大量东部沿海城市的 UPG 指数显著提升，沿海岸带逐步形成热点及次热点城市连绵分布的态势。总体上，伴随热点区域的东移南下，中国城市制造业 UPG 指数在全国范围内逐步形成以长三角地区为导向的核心—边缘模式。

对城市制造业 UPG 指数的影响因素分析发现，SEM 模型比传统 OLS 模型的拟合优度更好。伴随中国制造业产业结构的整体升级，劳动力工资的增长已经成为城市制造业 UPG 指数提高的主要推手。创新能力和制造业规模对制造业 UPG 指数的促进作用有所下降，居民消费和开发区的影响在后期逐渐显著，外资集聚对城市制造业 UPG 指数具有不断减弱的抑制作用，沿海三大核心城市群的作用尚不显著。

第五章
中国制造业规模与结构高级度协调发展的时空格局

　　第三章和第四章分别分析了中国制造业规模与结构高级度的多尺度时空格局,对应了中国制造业发展过程中存在的产业空间分布不均以及产业结构高级度不高的问题,研究发现中国制造业规模和结构高级度整体上都呈现向上提升的趋势,但二者在长期发展中所呈现的耦合协调发展态势如何仍不得而知。因此,本章引入耦合协调度评价模型,对中国制造业规模与结构高级度之间的耦合协调度展开多尺度的系统评价,以期为揭示二者间的互动关系提供新的研究视角,同时为推动中国制造业规模和结构高级度在后续实现稳健增长,以及促进区域制造业实现"又好又快"发展提供科学决策依据。本章尝试回答如下具体问题:中国制造业规模与结构高级度二者间交互协调关系的演进态势如何?与制造业规模和结构高级度的格局相比,二者间的耦合协调度又将呈现何种空间结构特征,并且出现了哪些问题区域?

一、研究方法

　　本章以制造业产值指代制造业规模,以制造业结构高级度(UPG)指数指代制造业结构，由于两大系统间存在量纲，因此对数据进行无量纲处理，表达式如下：

$$u_{ij} = (x_{ij} - \min(x_{ij}))/(\max(x_{ij}) - \min(x_{ij})) \tag{5-1}$$

式中，u_{ij} 为其第 i 个系统的第 j 个指标；值为 $x_{ij}(i=1,2; j=1,2,\cdots,n)$；$\max(x_{ij})$、$\min(x_{ij})$ 分别为指标 x_{ij} 的最大值和最小值。

耦合度模型用以度量系统内部序参量之间协同作用，是用来分析多个系统间相互作用与相互影响的常用模型（Valerie，1996）。参考已有文献，引入制造业规模与制造业结构高级度的耦合度评价模型，以此来计算和分析二者之间的交互耦合关系以及反映两个系统的整体功效和协同效应，其表达式如下（陈弢，2014）：

$$C = \sqrt{U_1 U_2} \Big/ \left[\frac{U_1 + U_2}{2}\right] \tag{5-2}$$

式中，U_1 为制造业规模指数；U_2 为制造业结构高级度指数；C 为耦合度，取值介于 [0，1]，值越大表明耦合程度越高。

另外，尽管耦合度可体现两组指标间的耦合发展情况，但难以判别一些特定差异，如制造业规模和制造业结构高级度均处于较高水准或均处于较低水准都会带来较高的耦合度，后者是与实际情况不符的伪评价结果。因此，根据通用做法，需要引入协调发展度的概念以反映制造业规模与制造业结构高级度间的真实协调发展水平，其表达式如下（车冰清等，2012）：

$$D = \sqrt{CT} \tag{5-3}$$

$$T = \alpha U_1 + \beta U_2 \tag{5-4}$$

式中，D 为协调发展度；T 为制造业规模系统与制造业结构系统的综合发展指数；α、β 为待定系数（$\alpha + \beta = 1$），分别表示制造业规模与制造业结构高级度对整体系统耦合协同作用的贡献系数。参照已有研究成果，同时考虑中国已成为全球制造业规模最大的"世界工厂"，制造业结构的升级将成为未来发展的主要矛盾，因此在实际计算中将 α、β 分别赋值 0.4 和 0.6。

结合已有研究的划分方式，进一步根据制造业规模与结构高级度水平耦合协调度 D 值的大小，首先将协调发展度 D 总体划分为可接受区间（0.6，1]、过渡区间（0.4，0.6]和不可接受区间（0，0.4]三个层次，随后再划分为10种基本类型（唐晓华等，2018）。具体划分情况如表5-1所示。

表5-1　制造业规模与结构高级度系统耦合协调发展的判定标准

协调度值	$0.9 < D \leqslant 1$	$0.8 < D \leqslant 0.9$	$0.7 < D \leqslant 0.8$	$0.6 < D \leqslant 0.7$	$0.5 < D \leqslant 0.6$
所属类型	优质协调	良好协调	中级协调	初级协调	勉强协调
协调度值	$0.4 < D \leqslant 0.5$	$0.3 < D \leqslant 0.4$	$0.2 < D \leqslant 0.3$	$0.1 < D \leqslant 0.2$	$0 < D \leqslant 0.1$
所属类型	濒临失调	轻度失调	中度失调	严重失调	极度失调

二、制造业规模与结构高级度协调发展的空间格局

（一）国家尺度协调发展的变化特征

通过上文分析可知，1998~2013年中国制造业规模和结构高级度总体上均处在不断提升的状态。其中，制造业总产值在1998年、2003年、2008年、2013年分别为59249.81亿元、128209.77亿元、331459.44亿元、691597.62亿元；制造业 UPG 指数在1998年、2003年、2008年、2013年分别为5.987、6.241、6.267、6.225。进一步采用耦合协调度评价模型对制造业规模、结构高级度间的协调发展状态进行测度，表5-2的计算结果表明，1998~2013年中国制造业规模与结构高级度间的协调度

水平呈稳定的上升趋势，四个研究年份的协调度分别为 0.255、0.324、0.409、0.483，总体已由中度失衡阶段进入濒临失调阶段。其中，1998～2003 年协调度由 0.225 提升至 0.324，提升幅度为 0.099，由中度失调阶段进入轻度失调阶段。由于该阶段制造业规模的增幅相对较小，为 202.82 亿元，因而该阶段协调度的提升主要是得益于制造业 UPG 指数的快速提高所致，如上文所述，该阶段中国对经济体制改革、对外开放、科教兴国、高新开发区等战略和政策给予了高度关注，使得制造业 UPG 指数的提升幅度为所有阶段中的最大值，达到 0.254。2003～2008 年协调度由 0.324 提升至 0.409，提升幅度为 0.085，由轻度失调阶段进入濒临失调阶段。这主要是得益于中国加入 WTO 进一步提升了对外开放水平和参与全球生产网络的深度，使得该时段制造业规模和 UPG 指数同时获得了较大幅度的提升，前者提升了 597.79 亿元，后者提升了 0.026。2008～2013 年协调度由 0.409 提升至 0.483，提升幅度较上一阶段有所下降，为 0.074，仍处在濒临失调阶段，主要是由于尽管该阶段制造业规模有较大提升，达到 1077.34 亿元，但制造业 UPG 指数有小幅的下降，制约了协调度的提升幅度，如上文所述，该阶段制造业 UPG 指数的下降主要是受到全球金融危机的不利影响所致。

表 5 – 2　1998～2013 年中国制造业规模与结构高级度间协调度的变化趋势

年份	制造业规模（亿元）	制造业 UPG 指数	协调度
1998	174.26	5.987	0.255
2003	377.09	6.241	0.324
2008	974.88	6.267	0.409
2013	2052.22	6.225	0.483
1998～2013 平均	892.05	6.226	0.398

协调度的提升幅度不仅取决于制造业规模和 UPG 指数的提升幅度，还取决于二者提升的同步水平，由于中国在不同阶段有着不同的政策导向和发展侧重点，加上金融危机等外部因素的影响，共同导致制造业规模和结

构高级度间的协调度呈现阶段性的演进趋势。

（二）区域尺度协调发展的变化特征

表 5-3 汇总了 1998~2013 年中国区域尺度制造业规模与结构高级度间协调发展水平的相关信息。从中可以看出，板块间协调度水平的差距较大，并且总体呈现东—中—西梯度降低的格局。

表 5-3　1998~2013 年区域尺度协调度的变化趋势

年份	东部			中部		
	规模（亿元）	UPG 指数	协调度	规模（亿元）	UPG 指数	协调度
1998	452.67	6.030	0.326	98.48	5.782	0.212
2003	1047.89	6.321	0.420	177.70	5.949	0.255
2008	2612.69	6.388	0.524	534.23	5.950	0.334
2013	4796.73	6.381	0.598	1529.11	5.971	0.429
1998~2013 平均	2227.49	6.357	0.503	584.88	5.955	0.341

年份	西部			东北		
	规模（亿元）	UPG 指数	协调度	规模（亿元）	UPG 指数	协调度
1998	51.05	5.874	0.184	129.52	6.291	0.251
2003	93.18	5.979	0.218	263.06	6.480	0.307
2008	247.48	5.977	0.278	708.48	6.226	0.376
2013	652.20	5.996	0.353	1622.77	6.069	0.444
1998~2013 平均	260.98	5.983	0.282	680.96	6.157	0.368

从 1998~2013 年的整体情况看，全国平均协调度指数为 0.398，但四大板块仅有东部地区在平均值以上，协调度指数整体由东部地区（0.503）→东北地区（0.368）→中部地区（0.341）→西部地区（0.282）递次降低。东部地区协调度水平最高，是由于制造业规模和 UPG 指数均为所有板块中最大，分别达到 2227.49 亿元和 6.357。东北地区和中部地区则相对

较均衡，制造业规模分别为 680.96 亿元和 584.88 亿元，UPG 指数分别为
6.157 和 5.955。同时，尽管西部地区的 UPG 指数略高于中部地区，为
5.983，但由于其制造业规模过小，仅为 260.98 亿元，不及中部地区的一
半，因此导致协调度水平处在最低位置。

　　从年度变化看，1998~2013 年，东部地区协调度的整体提升幅度最
大，由 0.326 提升至 0.598，提升幅度达到 0.272，由轻度失调阶段进入
勉强协调阶段，体现出"优者恒优"的路径依赖特征。当然，由于区域产
业转移的趋势以及全球金融危机的影响，东部地区协调度的提升趋势在
2008~2013 年有所放缓。中部地区和西部地区的提升幅度分别为 0.217 和
0.169，相应由中度失调阶段和严重失调阶段进入濒临失调阶段和轻度失
调阶段。值得注意的是，中部和西部地区的协调度水平在各阶段的提升幅
度越来越大，尤其在 2008~2013 年的提升幅度分别达到 0.095 和 0.075，
均高于东部地区和东北地区，主要得益于区域产业转移使得制造业规模的
份额加速提高。东北地区协调度的提升幅度为 0.193，低于东部地区和中
部地区，由中度失调阶段进入濒临失调阶段。同样值得注意的是，其后期
的提升幅度有所下降，2008~2013 年提升了 0.068，为所有板块中的最低
值，主要是由于在日益发达的市场化环境下，该阶段传统工业基地制造业
的 UPG 指数出现了整体快速下滑趋势，整个东北地区的 UPG 指数由 6.226
下降至 6.069。

　　从差异演变看，1998~2013 年，板块间协调度水平的标准差指数分别
为 0.061、0.088、0.105 和 0.103，表明板块间协调度水平的绝对差距总
体上大幅扩大，体现制造业发展固有的路径依赖特征，但随着 2008 年以
来西部地区制造业的加速发展，协调度的提升幅度已略微超过了东部地区
（西部地区提升了 0.075，东部地区提升了 0.074），因此板块间的绝对差
距在研究后期有下降的趋势。1998~2013 年板块间协调度水平的变异系数
分别为 0.241、0.271、0.258 和 0.213，表明板块间协调度水平的相对差
距呈现先增大后缩小的趋势，中部和西部地区协调度水平较低的主要原因
在于制造业规模过小，而 2003 年以来的产业转移大幅度弥补了中部和西

部地区制造业规模不足的缺陷，使得协调度水平的增速更快，缩小了板块间的相对差距。

从以上分析可以看出，中国制造业起步发展于东部沿海地区，使得协调度水平处在较高基准而具有先发优势，并且这种优势由于循环累积效应的存在而在后期继续强化。随着 2004 年以来中国开始出现较大规模的产业梯度转移现象，中部和西部地区的产业份额持续提升，尽管承接的更多只是中技术、低技术层次的制造业，但也足以在短时期内快速提升协调度水平，中部和西部地区未来仍需进一步加快产业转移的步伐。东北地区由于在市场化环境下产业发展过程中呈现诸多"不适应性"，使得协调度水平原本具有的部分先发优势被不断压缩，未来亟须进行体制、机制改革，转变传统发展方式，推动产业结构升级。

（三）省域尺度协调发展的变化特征

表 5 - 4 和图 5 - 1 汇总了 1998 ~ 2013 年中国省域尺度制造业规模与结构高级度间协调发展水平的相关信息。从整体情况看，全国平均协调度指数为 0.398，但省域间协调度指数的差距明显，仅有排序位于前十的省域达到平均值以上，而排序位于第 11 ~ 31 位的则在平均值以下，表明全国层面的协调度水平主要依赖排序位于前列的少数省域的带动。

从具体排序来看，位居前四的包括四个直辖市，依次为上海（0.818）、天津（0.687）、北京（0.675）、重庆（0.636）。直辖市作为全国尺度下的中心城市，制造业规模和 UPG 指数均处于较高水准，主要是由于：一方面，直辖市在产业发展方面具有明显的先发优势，这种先发优势在集聚经济的作用下随后被不断放大；另一方面，直辖市同时也是国家各时期发展和建设的重点区域，通常是优惠政策最先惠及的区域，具有制度和政策上的比较优势。另外，非直辖市省域面积通常较大且所辖区域的制造业发展水平参差不齐，但直辖市作为一种独特的省域单元，所辖面积较小且所辖区域也相对较为发达，在客观上也有利于制造业整体发展水平的提升。

表 5 - 4 1998 ~ 2013 年省域尺度协调度的排名

排序	省域	规模（亿元）	UPG 指数	协调度	排序	省域	规模（亿元）	UPG 指数	协调度
1	上海	14300.17	6.96	0.818	17	江西	528.27	5.93	0.331
2	天津	7693.52	6.62	0.687	18	四川	435.80	6.07	0.325
3	北京	5333.17	7.06	0.675	19	陕西	351.70	6.23	0.318
4	重庆	4196.39	7.01	0.636	20	山西	285.08	6.31	0.306
5	江苏	3319.80	6.70	0.580	21	海南	298.79	5.92	0.288
6	广东	1816.53	6.58	0.497	22	广西	321.99	5.82	0.287
7	浙江	2051.93	6.15	0.476	23	内蒙古	283.97	5.58	0.261
8	山东	2271.72	5.97	0.469	24	黑龙江	257.43	5.48	0.247
9	辽宁	1077.12	6.21	0.414	25	贵州	170.45	5.78	0.243
10	河北	1188.68	5.93	0.402	26	甘肃	125.64	6.06	0.239
11	吉林	676.47	6.62	0.395	27	宁夏	129.57	5.91	0.234
12	福建	1144.14	5.60	0.365	28	新疆	116.58	5.96	0.230
13	河南	886.57	5.74	0.358	29	云南	159.64	5.42	0.215
14	湖北	628.08	6.06	0.355	30	青海	58.78	6.28	0.205
15	湖南	570.92	6.05	0.346	31	西藏	3.02	5.51	0.082
16	安徽	482.10	6.16	0.339		全国平均	892.05	6.23	0.398

协调度指数超过全国均值的省域还包括了大部分沿海省份，位居第
5 ~ 10 的分别为江苏（0.580）、广东（0.497）、浙江（0.476）、山东
（0.469）、辽宁（0.414）、河北（0.402）。其中，江苏、广东、浙江是最
早参与全球生产网络、发展外向型经济的省份，其制造业规模位居全国前
列，并且随着 21 世纪以来落后产业的向外转移以及国内外高技术产业的
转入，制造业 UPG 指数不断提升，使得协调度指数处在较高水准；山东、
河北作为京津地区的腹地，在京津地区制造业日益拥挤的情形下，通过大
量承接具有一定技术水准制造业的转移，带动了制造业规模和 UPG 指数的
共同提升，尤其制造业规模在全国而言具有一定的比较优势，协调度指数
也相对较高；辽宁作为东北地区制造业最发达的省份，是中国自计划经济

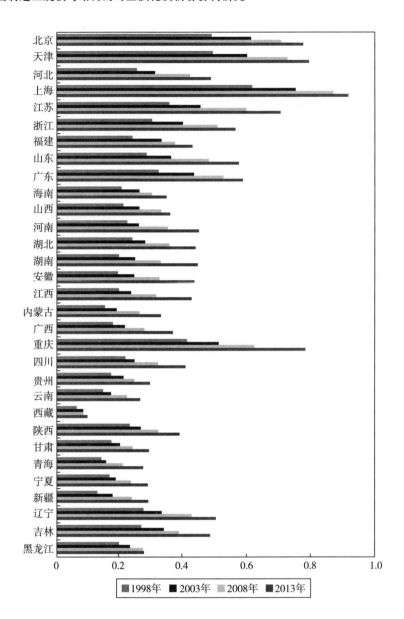

图 5 - 1　1998~2013 年省域尺度协调度的变化趋势

以来重点建设的重工业基地，尽管制造业规模相对东部省份而言偏小，但制造业 UPG 指数具有一定优势，协调度指数相对较高。

　　与此同时，处在中度失调及以下（协调度指数低于0.3）的极低值省域主要分布在西部地区，尤其是这个方向的内陆边疆省域。其中，协调度最低的为西藏，由于西藏不具有发展制造业的自然条件和社会经济基础，其为数不多的制造业多以满足本地居民的日常生活需求为主，导致下辖地级单元的平均制造业规模仅有3.02亿元，UPG指数也仅为5.51，协调度指数成为全国最低，为0.082，整体尚处在极度失调阶段。另外，青海、云南、新疆、宁夏、甘肃、贵州、黑龙江等省域的协调度指数也都低于0.25，这些省域的自然条件和区位条件相对较差，劳动力、土地、资本、技术等制造业发展的基本要素也较为匮乏，导致制造业规模和UPG指数均处在较低水准，成为全国尺度下制造业发展的边缘区域。

　　从1998~2013年协调度的变动情况来看，所有省域的协调度指数均有提升，但省域间增幅整体上同样呈现较明显的东—中—西梯度衰减规律。其中，增幅最大的为重庆，由0.410增加至0.620，增长了0.210，由濒临失调阶段进入初级协调阶段。由于重庆的制造业UPG指数在1998年以来一直处在较高水准，四个研究年份分别达到6.871、7.125、7.031、7.003，重庆协调度指数的大幅度增长主要是由于制造业规模方面的迅速提升所致。结合数据可知，重庆的制造业规模由1998年的695.29亿元提升至2013年的10902.36亿元，增长幅度远远高于全国平均水平，尤其是2008~2013年增速更显著，增加了7198.41亿元。在金融危机加速产业转移的情形下，作为直辖市的重庆由于具备发展基础、制度环境、要素禀赋等方面的比较优势使得其成为西部地区制造业发展的中心。增长量超过0.25的还包括江苏（0.347）、上海（0.302）、天津（0.298）、山东（0.290）、北京（0.286）、广东（0.262）、浙江（0.262），这些省域与重庆共同构成了协调度指数增长的"第一梯队"。通过以上数据也可以看出，协调度指数的增长空间与分布空间具有高度的一致性，即直辖市和东部沿海省域在协调度指数较高的同时提升幅度也较大，这将进一步拉大高值区和低值区间的绝对差距。以中部省份为主体的承接产业转移大省的协调度指数增幅较大，包括湖南（0.246）、安徽（0.241）、河北（0.233）、

江西 (0.227)、河南 (0.226)，这些省域构成了协调度指数增长的"第二梯队"。协调度指数增长幅度最小的依然为西部地区省份，除黑龙江、海南、山西外，排名位于后 14 位的省域有多达 11 个分布在西部地区，由此可以看出，在当前中国产业梯度转移的大背景下，中部地区成为承接产业转移的最大受益者，而西部地区所获得的机会依然十分有限，成为全国意义上制造业发展的边缘区。

（四）城市尺度协调发展的变化特征

对中国各城市单元的制造业规模与结构高级度水平的综合评价值进行 Pearson 相关分析，发现二者存在显著的正相关关系，且各研究年份的相关系数呈现不断增大的态势（1998 年，$R = 0.218$，$P < 0.01$；2003 年，$R = 0.302$，$P < 0.01$；2008 年，$R = 0.340$，$P < 0.01$；2013 年，$R = 0.379$，$P < 0.01$）。这反映出当一个城市单元的制造业规模越大时，制造业结构高级度也倾向于越高，且制造业规模与结构高级度之间的关系正变得越来越密切。但与此同时，较低的相关系数也表明制造业规模与结构高级度间的关系总体仍较为松散。

进一步采用协调度模型来测度所有城市单元在 1998～2013 年制造业规模与结构高级度水平的协调发展情况。结果表明，城市单元间的协调度水平差异显著，且一直保持着明显的东—中—西阶梯式降低格局，逐渐形成长三角地区、京津冀地区、珠三角地区三大协调度水平较高区域。四个年份城市单元间协调度水平的标准差指数分别为 0.094、0.121、0.150、0.162，表明城市单元间协调度水平的绝对差异在不断增大，这主要是因为中国制造业的规模和结构高级度仍处在相对极化的阶段，使得沿海地区协调度水平增幅的绝对量更大，从而拉大了与内陆地区间的绝对差距。变异系数的波动相对较小，分别为 0.369、0.373、0.366、0.337，且总体呈现下降态势，表明城市单元间协调度水平的相对差异有所缓和。这主要是因为，相对于沿海地区而言，内陆地区协调度指数的基数虽然较低，但由于制造业份额在产业转移的背景下有所增加，因而协调度指数成长速度更快。从协调发展类型区统计（见表 5 - 5）可以看出，1998～2013 年中国城市尺度制造业规模与结构高级度间协调发展的空间格局发生了较大变化，具体来看：

表 5 - 5　1998～2013 年城市尺度协调发展类型区统计

协调类型	协调度区间	1998 年	2003 年	2008 年	2013 年
优质协调	(0.9, 1.0]	0	0	0	2（0.58%）
良好协调	(0.8, 0.9]	0	0	3（0.88%）	1（0.29%）
中级协调	(0.7, 0.8]	0	1（0.29%）	3（0.88%）	15（4.39%）
初级协调	(0.6, 0.7]	1（0.29%）	3（0.88%）	11（3.22%）	19（5.56%）
勉强协调	(0.5, 0.6]	1（0.29%）	10（2.92%）	21（6.14%）	31（9.06%）
濒临失调	(0.4, 0.5]	8（2.34%）	22（6.43%）	32（9.36%）	70（20.47%）
轻度失调	(0.3, 0.4]	38（11.11%）	46（13.45%）	91（26.61%）	96（28.07%）
中度失调	(0.2, 0.3]	93（27.19%）	110（32.16%）	103（30.12%）	63（18.42%）
严重失调	(0.1, 0.2]	154（45.03%）	117（34.21%）	56（16.37%）	36（10.53%）
极度失调	(0, 0.1]	47（13.74%）	33（9.65%）	22（6.43%）	9（2.63%）

1998 年，作为改革开放前沿阵地的上海和深圳，由于兼具制造业规模优势和结构高级度优势，协调度为所有研究单元中最高，D 值分别达到 0.61 和 0.52，进入初级协调以及勉强协调阶段。但其余研究单元均处于非协调状态（$D < 0.5$），且有多达 294 个研究单元处于中度失调及以下（$D < 0.3$），占全部研究单元数量的 85.96%。从空间分布看，协调度相对较高区域主要分布在地理区位、发展基础和政策环境均较为优越的东部沿海地区，尤其以长三角、京津冀、珠三角三大城市群为主。东北和中部、西部地区除部分省会及重点城市的协调度水平相对较高外，其余研究单元则由于制造业规模较小、结构高级度较低多处于严重失调和极度失调状态。

2003 年，在上一时段空间格局的基础上，达到协调状态的研究区域明显增多，且主要分布在东部沿海地区。其中，上海（$D = 0.75$）达到中度协调阶段，深圳（$D = 0.69$）、苏州（$D = 0.64$）和北京（$D = 0.61$）进入初级协调阶段，天津、广州、无锡、南京、杭州、东莞、佛山、青岛、长春、重庆紧随其后进入勉强协调阶段。进一步的统计表明，1998～2003年有139个研究单元的协调类型实现了向高等级转移，占全部研究单元数量的40.64%。其中，绝大多数（133个）属于向相邻等级的递次转移，而实现跨等级转移的单元有6个，依然以分布在东部沿海地区为主，包括北京、苏州由濒临失调上升为初级协调，长春、青岛、佛山、东莞由轻度失调上升为勉强协调。但也有4个研究单元出现协调类型的向下转移，并且全部分布在西北地区，分别为海西、固原由中度失调下降为严重失调，武威、哈密由严重失调下降为极度失调。

2008年，东部沿海地区尤其三大城市群的协调度进一步提升，其中，上海（$D=0.87$）、深圳（$D=0.83$）和苏州（$D=0.82$）率先步入良好协调阶段，天津（$D=0.72$）、无锡（$D=0.71$）、北京（$D=0.70$）也进入中级协调阶段。同时，位于中西部地区的重庆、武汉等少数城市的协调度水平迅速提升，达到初级协调阶段。从转移路径来看，2003～2008年有多达226个研究单元的协调类型实现向高等级转移，占全部研究单元数量的66.08%，其中，206个属于递次转移，实现跨等级转移的单元数量也大幅增加，包括天津、大连、无锡、苏州、宁波等达20个。另外，依然有5个研究单元出现了协调类型的向下转移，全部分布在西北和西南地区，分别为安顺、金昌由中度失调下降为严重失调，德宏、海南、固原由严重失调下降为极度失调。

2013年，不同协调等级城市的数量分布最终形成两头少中间多的纺锤形格局。从空间分布上看，东部沿海地区尤其从长三角地区北上延伸至京津冀地区的大片区域开始形成了较高协调度区域连绵分布的态势。其中，上海（$D=0.916$）和苏州（$D=0.914$）尤为亮眼，在区域生产网络加速重组以及地方产业升级政策的带动下，上海和苏州的制造业规模与结构高级度获得了高效的均衡提升，双双率先进入优质协调阶段。珠三角地区、京津地区包括广州、深圳、北京、天津在内的部分核心区域具有较高的协调度水平。同时，一些地理区位和发展基础相对优越的内陆城市群区域，包括长江中下游、成渝、中原、哈大沿线等城市群的协调度水平也相对较高，这些区域作为承接沿海产业转移的重点区域，在大量承接产业转移后，制造业规模的显著提升也带动了协调度水平的迅速提高。而胡焕庸线西北侧以及云贵地区，由于制造业规模、结构高级度均处在较低水平，导致二者间的协调水平相对较低，成为全国意义下的边缘地区。从转移路径来看，2008～2013年同样有多达226个研究单元的协调类型实现向高等级转移，占全部城市数量的比重为66.08%。其中，200个为递次转移，跨等级转移的单元数量有所增多，达到26个。但值得注意的是，哈尔滨在该阶段出现了协调类型的向下转移，由濒临失调阶段下降为轻度失调阶段。

基于上述分析，发现1998～2013年中国城市尺度制造业规模与结构高级度间的协调水平不断提高，但区域差异明显。为进一步发现1998～2013年研究区协调度水平的空间成长规律，以2013年的协调度值减去1998年的协调度值，得到各研究单元在整个研究期的成长值，并在ArcGIS软件中根据自然断裂分级法进行分类，分别命名为高增长区、中高增长区、中等增长区、中低增长区和低增长区五类成长类型。

结果表明，1998～2013年，除制造业发展极为落后的个别自治州出现协调度下降外，几乎所有研究区域的协调度均处于向上提升状态。但协调度成长空间同时也呈现明显的非均衡分布特征，总体保持着东—中—西阶梯式递减的格局，表明协调度越高的区域，协调度的成长幅度总体上也越大。这将导致中国城市单元制造业规模与结构高级度的协调发展水平格局形成空间锁定或路径依赖效应，使得东—中—西阶梯式递减分异格局更明显。具体来看，高增长区主要分布在东部沿海地区，尤其从长三角地区北上延伸至京津冀地区，主要是由于这些区域的制造业规模和结构高级度均处于明显提升的状态。另外，中部、西部部分发展基础较好的省会及重点城市增幅也十分明显，如重庆、武汉、长沙、成都、郑州、长春等均属于高增长区。中高增长区主要分布在沿海三大城市群的外围区域，如长三角外围的浙东、苏北、皖东地区，环渤海外围的鲁南、冀南、辽北地区等，中西部地区一些区位相对较好的城市群区域分布数量较多的中高增长区，如长江中下游、中原、成渝、哈长、呼包鄂等城市群。中等增长区分布相对广泛，主要包括黄河中游、福建海西、湘中—桂东—粤西、黔中—滇中、甘—新—蒙的省际边缘区等。中低增长区及低增长区的分布面积较大且相对集中，主要包括各方向的内陆地带，如青藏高原地区、甘肃、黑龙江大部以及云南省西部等。

三、协调发展问题区域的识别

对问题区域进行识别是制定和完善相关政策的基本前提（封志明等，2011；刘彦随和杨忍，2012），在上述对中国制造业规模与结构高级度协调发展水平进行时空格局分析的基础上，进一步识别协调发展的问题区域。参照已有研究，将制造业规模、结构高级度及协调度水平低于全国平均水平60%的区域均定义为问题区域（李裕瑞等，2014），根据三种问题区域之间的组合情况将问题区域划分为6种基本类型，分别为制造业规模滞后型、规模滞后并引起协调度滞后型、UPG滞后型、UPG滞后并引起协调度滞后型、规模与UPG均滞后型、规模与UPG均滞后并引起协调度滞后型，具体判断标准如表5-6所示。

表5-6 问题区域的判定标准及类型

条件1	条件2	问题区域类型
制造业规模指数低于全国平均水平的60%	协调度高于全国平均水平的60%	Ⅰ：规模滞后型
	协调度低于全国平均水平的60%	Ⅱ：规模滞后并引起协调度滞后型
制造业UPG指数低于全国平均水平的60%	协调度高于全国平均水平的60%	Ⅲ：UPG滞后型
	协调度低于全国平均水平的60%	Ⅳ：UPG滞后并引起协调度滞后型

条件1	条件2	问题区域类型
制造业规模指数低于全国平均水平的60%同时制造业UPG指数也低于全国平均水平的60%	协调度高于全国平均水平的60%	V：规模与UPG均滞后型
	协调度低于全国平均水平的60%	VI：规模与UPG均滞后并引起协调度滞后型

以城市单元为分析尺度，基于上述判定标准对各研究年份的问题区域进行识别，表5-7的结果表明，中国绝大多数城市单元均不同程度地存在着不同问题，问题区域的数量呈现先增加后减少、总体减少的态势，从不同年份的情况来看：

表5-7 1998~2013年问题区域数量统计

年份	问题区域总数	I型问题区域数量	II型问题区域数量	III型问题区域数量	IV型问题区域数量	V型问题区域数量	VI型问题区域数量
1998	237	113	31	9	0	26	58
2003	245	81	70	11	2	11	70
2008	237	90	62	14	0	9	62
2013	219	91	49	21	2	12	44

1998年的问题区域总数为237个，占全部研究区域数量的69.30%。由于相较于制造业UPG指数而言，中国制造业规模的区域差异更显著，尤其是中西部地区有大量城市单元的制造业规模严重偏小，导致与规模滞后相关的问题区域数量占绝对比重。具体来看，规模滞后型区域为113个，规模滞后并引起协调度滞后型区域为31个；UPG滞后型区域为9个，UPG滞后并引起协调度滞后型区域为0个；规模与UPG均滞后型区域为26个，规模与UPG均滞后并引起协调度滞后型区域为58个。

2003年，由于中国制造业仍在向东部沿海地区集聚，集聚程度达到整个研究期的峰值，导致问题区域数量进一步增加，尤其是与规模滞后相关的问题区域增幅尤为明显。2003 年的问题区域总数达到 245 个，占全部研究区域数量的 71.64%，其中，由于部分规模滞后型区域进一步恶化为规模滞后并引起协调度滞后型区域，使得规模滞后型区域数量明显减少，为 81 个，而规模滞后并引起协调度滞后型区域数量则大幅增加，达到 70 个；UPG 滞后型区域为 11 个，UPG 滞后并引起协调度滞后型区域为 2 个。同样，由于部分规模与 UPG 均滞后型区域进一步恶化为规模与 UPG 均滞后并引起协调度滞后型区域，使得规模与 UPG 均滞后型区域的数量减少至 11 个，而规模与 UPG 均滞后并引起协调度滞后型区域的数量增加为 70 个。

2008 年，由于中国制造业已经跨过集聚峰值，部分制造业加快从沿海地区向内陆地区转移，问题区域的数量开始明显减少，并且与规模滞后相关的问题区域数量减少尤为明显。2008 年的问题区域总数为 237 个，与 1998 年相当，其中，规模滞后型区域的数量明显减少，为 90 个，规模滞后并引起协调度滞后型区域数量也有所减少，为 62 个；UPG 滞后型区域为 14 个，UPG 滞后并引起协调度滞后型区域为 0 个；规模与 UPG 均滞后型区域为 9 个，规模与 UPG 均滞后并引起协调度滞后型区域为 62 个。

2013 年，由于金融危机的影响以及国家政策的导向，中国制造业进一步加快了由沿海地区向内陆地区转移的步伐，导致问题区域的数量进一步减少，另外由于该阶段中国制造业 UPG 指数略有下降，因而与 UPG 滞后相关的问题区域数量稍有增多。2013 年的问题区域总数为 219 个，为研究期的最小值，其中，规模滞后型区域的数量为 91 个，规模滞后并引起协调度滞后型区域数量继续减少，为 49 个；UPG 滞后型区域增加较多，为 21 个，UPG 滞后并引起协调度滞后型区域为 2 个；规模与 UPG 均滞后型区域为 12 个，规模与 UPG 均滞后并引起协调度滞后型区域减少较多，为 44 个。

通过 ArcGIS 软件对问题区域进行分类，结果表明，不存在问题的区域主要分布在长三角、环渤海、珠三角等沿海地区，这些区域的制造业规模、结构高级度均处在相对较高的水平，协调发展度相对较高。另外，中原地区、成渝地区、长江中下游等内陆地区的部分城市群区域具有良好的制造业发展态势，因而也不存在上述问题的困扰。

从不同类型问题区域的空间分布情况来看：①规模滞后型区域数量最多、分布最广，主要分布在长江中下游地区，尤其是四川南部、湖南中西部、江西大部，另外在山西、陕西、内蒙古等省域的省际边缘区也有较多分布。这类区域的制造业规模相对偏低，但尚未引发协调度偏低的问题，未来应当进一步加快承接产业转移的步伐以壮大产业规模，挖掘产业发展潜力，防范新问题的出现。②规模滞后并引起协调度滞后型的区域分布较为集中，主要分布在胡焕庸线西北侧，包括青藏地区、甘肃—宁夏、四川西部、新疆大部等。这类区域相对而言并不具备发展制造业的本底条件，因而规模滞后的问题始终存在，引致协调度低下。③UPG 滞后型区域数量相对较少，主要包括个别沿海地区城市和内陆专业化城市，如湖州、嘉兴、揭阳、泉州、汕头、漳州、临沂、南阳等。这类区域的产业规模相对较大，但产业发展过程中存在的突出问题为产业体系过度集中于技术层次较低的产业，未来需要进一步加快产业结构调整步伐，防范问题的进一步恶化。④UPG 滞后并引起协调度滞后型的问题区域数量更少，四个研究年份仅有漯河、玉溪、莆田、吴忠入选。这类区域在制造业发展过程中长期锁定在技术层次较低的产业部门，已经进一步引发了协调度滞后的问题，因此未来应当以推动结构调整作为产业发展的主要目标。⑤规模与 UPG 均滞后型的区域数量较少，主要分布在胡焕庸线东南侧的长江中下游部分地区以及鄂豫皖的省际边缘区。这类区域的自然地理条件相对较差，但仍具备一定的产业发展潜力，未来应适当加快承接产业转移，既要扩大产业规模，也要调整产业结构。⑥规模与 UPG 均滞后并引起协调度滞后型的区域数量相对较多，主要分布在胡焕庸线西北侧的青藏地区、内蒙古东部、云南西北部，在胡焕庸线东南侧部分自然条件相对较差的区域也有分布。这类区域在制造业发展过程中所呈现的问题是最严重的，未来应当通过倾斜型的产业政策开展针对性的治理，在部分有条件的地区加快制造业的发展步伐，同步实现规模的提升以及结构的升级。

四、本章小结

国家尺度，伴随制造业规模和结构高级度的显著提升，1998～2013年中国制造业规模与结构高级度间的协调度水平呈稳定的上升趋势，四个研究年份的协调度分别为0.255、0.324、0.409、0.483，总体已由中度失调阶段进入濒临失调阶段。

区域尺度，从1998～2013年的整体情况来看，全国平均协调度指数为0.398，但四大板块中仅有东部地区在平均值以上，协调度指数整体由东部地区（0.503）→东北地区（0.368）→中部地区（0.341）→西部地区（0.282）递次降低。东部地区的协调度在整个研究时段的提升幅度最大，中部和西部地区得益于产业转移带来的产业规模提升效应，使得协调度在后期的提升幅度最大，而东北地区由于产业结构高级度的下滑，导致在后期的提升幅度最小。另外，板块间协调度水平的绝对差距在不断拉大，但相对差距在2003年以来不断缩小。

省域尺度，各省域间协调度指数的差距明显，仅有排序位于前十的省域达到平均值以上，呈现明显的极化效应。得益于产业规模和结构高级度均处在较高水平，因而排名位于前四的是四个直辖市，同时大部分东部沿海省份的协调度相对较高。由于产业规模和结构高级度均处在较低水平，因此协调度较低的省域主要为西部地区的边疆省域，多处在中度失调及以下。

城市尺度，城市单元的制造业规模与结构高级度间具有不断增强的显著正相关关系，但较低的相关系数表明二者的联系仍较为松散。各研究单元间的协调度水平差异显著，一直保持着明显的东—中—西阶梯式降低格局。东部沿海尤其从长三角地区北上延伸至京津冀地区形成较高协调度区域连绵分布的态势，上海和苏州在 2013 年率先进入优质协调阶段，中西部地区一些地理区位、发展基础相对优越的城市群区域的协调度也相对较高。同时，协调度的增长空间具有一定的空间锁定或路径依赖效应，与空间分布格局相似，大体保持东—中—西阶梯式降低格局。

从协调发展的问题区域来看，通过设定问题区域的判断标准并将问题区域划分为 6 种基本类型，发现中国绝大多数城市单元均不同程度地存在着不同问题，问题区域的数量呈现先增加后减少、总体减少的态势。由于相较于制造业结构高级度而言，中国制造业规模的区域差异更显著，尤其是中西部地区有大量城市单元的制造业规模严重偏小，导致与规模滞后相关的问题区域数量占绝对比重。并且伴随产业先向沿海地区集聚后向内陆地区转移的趋势，与规模滞后相关的问题区域数量总体上呈现先增多后减少的趋势。从空间分布来看，不存在问题的区域主要分布在长三角、环渤海、珠三角等沿海发达地区，以及中原地区、成渝地区、长江中下游等内陆地区的部分主要城市群区域，问题区域则高度集中分布于胡焕庸线西北侧，胡焕庸线东南侧一些自然条件相对较差的区域也有部分分布。

第六章
中国西部地区制造业发展的问题与启示

　　基于前文分析可以看出，当前西部地区实际上已经成为中国制造业真正意义上的落后地区。一方面，随着东—中—西产业梯度转移的加快，中部和西部地区制造业的发展速度呈现向好的态势，但由于中部地区"拦截"了大部分转移产业而不断拉开了与西部地区间的差距，导致西部地区成为当前中国制造业规模格局的边缘区域。另一方面，西部地区制造业的结构高级度虽然稍优于中部地区，但由于传统发展路径在市场化环境下所显现的劣势越来越突出，导致相对优势越来越小，并且在全国层面的地位不断下滑。上述两方面问题的共同存在还导致了西部地区制造业规模与结构高级度间的协调度水平相较于中部地区存在不小差距，成为全国最低的区域。在全局视野下，未来西部地区制造业如何进一步发展与提升不仅关系国家生产力如何合理布局，也关系区域间发展差距如何有效缩小，需要进一步探讨。因此，本章将最终落脚点置于西部地区制造业发展的问题上，分析西部地区长期以来在制造业发展过程中存在的主要问题；选择制造业发展态势良好的成都市作为典范，分析其是如何在非均衡发展战略中实现路径突破的；提出未来推动西部地区制造业发展的主要启示。

一、西部地区制造业发展存在的主要问题

（一）制造业发展的基础薄弱

1. 中华人民共和国成立至改革开放前夕（1949～1977 年）

20 世纪 50 年代之前，由于沿海地区具有一定的工业基础和更大的市场需求，并且港口条件可满足从国外引进设备和原材料的需求，因此制造业主要布局在沿海地区（王成金，2013），西部地区几乎没有大规模的制造业企业和工业城市分布。五六十年代初，在指令性的计划经济体制下，出于国家政治、社会和军事决策的需求，制造业在空间布局方面开始发生一些变化（Ma & Wei，1997；朱晟君和王翀，2018）。以苏联援建"156"项工程为核心的工业企业联合选址项目的开展，奠定了西部地区制造业发展的基础，到 1957 年，在中国初步形成的 8 大工业区中，西部地区占 3 个，分别是以重庆为中心的川南工业区、以西安为中心的陕西工业区以及以兰州为中心的甘肃工业区（金凤君等，2018）。随后，60 年代末至 70 年代，国家在中西部 13 个省区进行了一轮以战备为指导思想的大规模国防、科技、工业和交通基础设施建设。在制造业方面，通过重建、新建、迁移等措施，国家在内陆地区布局了一批钢铁、煤炭、石油、电力、机械、化工和国防工业，使得内陆地区培育和发展了数十个工业基地，尤其以重庆、成都、西安为核心的西部地区各省会城市以及部分重点城市的工业基地建设成效显著，开始形成大、中、小工业基地协调发展的格局，进一步推动了西部地区制造业的发展进程。尽管由于资料的缺失而难以获得 1949～1977 年完整的统计数据，但从各主要年份的统计数据可以看出（见图 6 - 1），随着"156"项工程成效的显现，1957 年西部地区工业总产值

占全国比重获得了较大幅度的提升，由 1952 年的 10.32% 提升至 1957 年的 13.50%，提升了 3.18 个百分点，随后直至改革开放前夕该比重的变化相对较小，大致维持在 12.70%～14.20%。整体来看，50 年代中期以来，中央政府实施的是重工业导向型的发展战略并且注重工业在空间上的合理均衡布局，由于具备接近原材料和燃料产地的优势并且处在相对稳定的生产环境中，使得西部地区涌现出一批工业基地和工业城市，带动了西部地区制造业份额的提升及稳定，随后直至改革开放前夕是西部地区制造业发展的繁荣期。

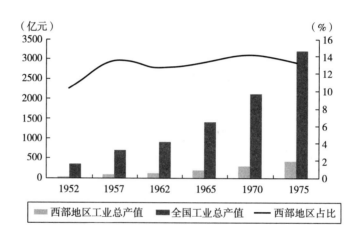

图 6-1　改革开放前西部地区工业总产值及占全国比重的变化

2. 改革开放以后（1978～1997 年）

中华人民共和国成立至改革开放前夕，中国制造业的空间分布主要受计划经济体制下均衡布局思想的指导。但是 1978 年，中共十一届三中全会做出了对外开放的重大决策，中国的经济体制开始由计划经济向市场经济转轨，进入到社会经济发展新的历史时期，这也极大地改变了中国不同区域制造业发展的机遇和轨迹。改革开放对区域制造业发展的影响主要体现在：首先，改革开放以来，中国制造业改变了以往过度强调重工业的发展思维，试图通过利用国内外两种资源和两个市场的外生发展模式来驱动国民经济的增长，因此，制造业发展在很大程度上受到经济全球化的影响，尤其是外部资本、技术、资源的利用水平成为区域制造业发展水平的核心决定因素（贺灿飞，2018），资源禀赋对制造业的约束力相应开始下降。其次，中国的改革开放采取的是时空渐进式的变革模式（杨永春，2013），由于东部沿海地区拥有资本、技术、信息等全球化要素集聚的比较优势，无论从时间还是空间维度来看，东部沿海地区均领先于中西部内陆地区率先享受倾斜性的对外开放政策，通过发展加工贸易产业融入全球生产网络。综上所述，随着中国改革开放战略不断深入开展，在日益向市场经济转轨的过程中，东部沿海地区由于具备更好的产业发展基础和独特的区位条件，制造业发展速度和规模不断提升，导致西部地区制造业的地位相对呈现不断下降的趋势。并且从演化经济学的理论来看，由于路径依赖效应的存在，东部和西部地区间制造业发展的差距会不断增大。进一步采用统计数据进行验证，从表 6 - 1 可以看出，改革开放以来，西部地区工业总产值占全国工业总产值比重总体处在较低水准，除极个别年份外，该比重几乎处在持续下降的趋势中。其中，西部地区占比最高的年份为改革开放初期的 1978 年，达到 14.27%，这是 20 世纪 50 年代以来计划经济遗产长期累积的结果，但到 1997 年，该比重下降至 8.66%。通过以上数据可以反映出，西部地区制造业的发展基础薄弱，随着市场经济的深入推进，处在日益边缘化的困境中。

表 6 - 1　1978 ~ 1997 年西部地区工业总产值及占全国工业总产值比重变化

年份	全国工业总产值(亿元)	西部工业总产值(亿元)	西部占比(%)	年份	全国工业总产值(亿元)	西部工业总产值(亿元)	西部占比(%)
1978	4237	605	14.27	1988	18224	2191	12.02
1979	4681	665	14.20	1989	22017	2602	11.82
1980	5154	696	13.51	1990	23924	2835	11.85
1981	5400	708	13.11	1991	26625	3316	12.45
1982	5811	790	13.59	1992	34599	4006	11.58

续表

年份	全国工业 总产值(亿元)	西部工业 总产值(亿元)	西部占比 (%)	年份	全国工业 总产值(亿元)	西部工业 总产值(亿元)	西部占比 (%)
1983	6461	891	13.78	1993	48402	5439	11.24
1984	7617	1047	13.75	1994	70176	7007	9.99
1985	9716	1300	13.38	1995	91894	7955	8.66
1986	11194	1445	12.91	1996	99595	8688	8.72
1987	13813	1702	12.32	1997	113733	9853	8.66

(二) 制造业发展的区域差异明显

作为一个非均质的后发型大国 (刘承良等, 2018), 中国制造业的区域非均衡发展问题不仅体现在东部、中部、西部等地区间的差距上, 而且由于区位差异、制度环境、发展基础、自然条件、资源分布等因素的复杂影响, 西部地区内部的制造业发展差距也十分显著。因此, 西部地区制造业不仅面临发展"不充分"的问题, 同时也面临发展"不均衡"的问题。通过对西部各城市制造业产值的分析可以发现, 西部地区制造业分布极不均衡, 制造业高度集中在少数城市, 而大部分城市的制造业产值远低于平均水平, 产生非常严重的空间极化现象, 具体来看:

1998 年, 西部地区各城市单元的制造业平均产值为 50.28 亿元, 但仅有 29 个区域的制造业产值高于平均水平, 有多达 103 个区域低于平均水平, 占总量比重高达 78.03%。从排序来看, 制造业规模较大的城市呈零星点状散布于各省会城市及部分区域重点城市, 位于前十的依次为重庆、成都、西安、昆明、绵阳、玉溪、兰州、柳州、包头、贵阳, 而制造业规模最小的区域主要分布在藏、青、新、滇等省份, 大部分城市单元的制造业产值都低于 10 亿元。从绝对差异和相对差异的幅度来看, 西部地区各城市单元间制造业规模的标准差指数为 95.34, 变异系数为 1.90, 表明西部地区各城市单元间制造业规模的差距较大, 尤其是绝对差距更明显。

2003 年，西部地区各城市单元的制造业平均产值为 91.77 亿元，较 1998 年提升了 82.52%，其中，有 32 个区域的制造业规模高于平均水平，有 100 个区域低于平均水平，占总量的比重高达 75.76%。按规模大小位于前十的依次为重庆、成都、西安、昆明、兰州、包头、柳州、绵阳、贵阳、德阳。同时，该年度各城市单元间制造业规模的标准差指数和变异系数较 1998 年均有所提升，分别为 178.20 和 1.94，表明城市单元间制造业规模的绝对差距和相对差距均不断扩大，极化现象仍在加剧。

2008 年，随着中国区域产业转移的速度和幅度不断加快，西部地区各城市单元的制造业规模加快提升，平均产值为 243.73 亿元，较 2003 年提升了 165.59%，其中，有 40 个区域的制造业规模高于平均水平，有 92 个区域低于平均水平，表明制造业空间分布的范围有所扩大。规模位于前十的依次为重庆、成都、西安、昆明、柳州、包头、兰州、乌鲁木齐、德阳、南宁。另外，该年度各城市单元间制造业规模的标准差指数和变异系数分别为 459.12 和 1.88，表明城市单元间制造业规模的绝对差距仍在加速扩大，但相对差距有所缓和。

2013 年，由于金融危机和政策导向进一步刺激了东部地区产业向外转移，西部地区各城市单元的制造业规模继续加快提升，平均产值达到 627.50 亿元，较 2003 年提升了 157.46%，其中，有 43 个区域的制造业规模高于平均水平，有 89 个区域低于平均水平，表明制造业空间分布的范围仍在进一步扩大。规模位于前十的依次为重庆、成都、西安、柳州、昆明、南宁、通辽、德阳、咸阳、包头。另外，该年度各城市单元间制造业规模的标准差指数和变异系数分别为 1192.88 和 1.90，相较于 2008 年均有扩大，表明城市单元间制造业规模的绝对差距和相对差距均有所加剧。

总体来看，与全国尺度下的核心—边缘结构相类似，西部地区的制造业空间分布同样也呈现明显的核心—边缘结构，由此导致西部地区内部发展差距的不断扩大。其中，重庆、成都作为西南地区的"双核城市"，由于始终具有明显占优的制造业规模而成为西部地区制造业发展的核心区，昆明、西安、兰州、贵阳、包头等其余省会城市及重点城市具有相对占优的制造业规模成为次级核心区。另外，以青藏高原地区为主体同时包括大部分边境地带在内的广大区域，由于不具备发展制造业的自然和社会经济条件，导致制造业规模始终较小，成为西部地区制造业发展的边缘区。

（三）承接产业转移的比较优势不足

学界关于改革开放以来中国制造业在区域间存在发展不均衡的问题已达成共识，上述分析也充分证明了这一点，并且这是一种先天因素（区位条件）和后天因素（"政策倾斜＋市场导向"）叠加共同引致的结果。那么，对于中西部地区而言，如果要解锁这种被边缘化的"路径锁定"效应，一个重要途径就是加快转变生产方式、大力承接产业转移，提高制造业产值在国家层面的份额，这也是缩小全国区域发展差异的重要途径（蔡昉，2009）。当然，自21世纪初期以来，中国制造业的确在由东部沿海地区向中西部内陆地区转移，随着要素成本提高、资源环境压力增大、集聚效应下降以及金融危机的冲击等，东部沿海地区产业转出的体量处在不断增大的态势中。但同样值得注意的是，来自沿海地区的转出产业大多被中部地区所吸纳，能够跨过中部地区直接流向西部地区的转移产业十分有限，已有研究也证实了这一点（贺曲夫和刘友金，2010；洪俊杰等，2014；叶琪，2014）。随着区域间这种产业转出—转入路径依赖的形成，中部地区的产业份额不断累积，至2013年，中部地区在全国层面实际上已经具有较高的制造业占比，由2003年占全国比重的12.06％上升为2013年的19.24％，提升了7.18个百分点，相反，西部地区则提升缓慢，仅由2003年的9.45％上升为2013年的11.98％，提升了2.53个百分点。如果再将东部、中部、西部地区国土面积因素考虑在内，当前中国制造业规模分布实际上已经重塑出一种非常明显的核心（东部地区）—次核心（中部地区）—边缘（西部地区）型的空间结构模式。导致中部和西部地区在承接产业转移上呈现不同表现的核心原因在于二者承接能力上具有显著差异，即与中部地区相比，西部地区承接产业转移的比较优势不足。理论上，一个区域的产业承接能力是多因素综合作用的结果，因此，西部地区承接产业转移的比较优势不足是由多方面原因所引起的，具体来看：

1. 地理邻近性

区域产业能否在产业空间中从一个区位跳跃至另一个区位实现产业转移，与产业空间的距离，即地理空间的邻近性有关（贺灿飞等，2017）。部分研究和上文分析均已发现，在中国制造业由沿海地区向内陆地区转移之前，实际上已经在沿海地区内部进行了一轮空间重构，即由沿海发达地区向沿海欠发达地区转移，其中一个重要原因就是与中西部地区相比，沿海欠发达地区具有接近产业转出地（沿海发达地区）的地理邻近性优势。因此，从邻近性的角度看，在随后东部沿海产业向内陆地区转移的过程中，中部地区由于在空间上与东部地区相邻而具有地理邻近的优势，西部地区则处在相对劣势。归纳来看，地理邻近性对产业转移的影响主要体现在以下几方面：第一，降低产业转移的交通费用，节约转移成本；第二，便于新产业区位和原有产业区位之间进行频繁交流，包括代工生产、技术溢出、人员流动甚至面对面交流等；第三，其生产区位在劳动力、技术、资本、制度等方面的生产条件与转出地较为相似，因此企业更容易跳跃至距离较近的生产区进行生产；第四，通过构建和增强其他维度的邻近，如认知邻近、社会邻近、文化邻近、制度邻近等，进一步促进产业向邻近空间转移。

2. 发展水平

经典的产业转移理论多强调，产业承接地的发展水平会在承接产业转移过程中扮演重要角色。例如，雁行理论认为，经济发达地区的成熟产业，首先会传递给经济较发达地区，待较发达地区经济起飞后，再转移至欠发达地区。国际生产折中理论也指出，产业转移的区位选择通常是沿着转入地区经济发展水平由高到低的顺序进行，即产业会先转入经济发展水平与母国或地区差异较小的区域（冯根福等，2010）。人均 GDP 是用于衡量区域发展水平的最常用指标，鉴于中国制造业较大规模地从东部沿海向中西部内陆地区转移是在 2004 年前后，因此对 21 世纪以来中国中西部地区的人均 GDP 情况进行汇总，目的在于通过考察二者区域发展水平的差异来分析西部地区在承接产业转移中所处的相对位置。通过表 6 - 2 可以发现，中西部地区的发展水平总体上较接近，但中部地区仍具有大致 10% 的领先优势，从这个角度来看，与中部地区相比，西部地区在承接沿海产业转移的过程中不具有比较优势甚至处在相对劣势的地位。

表 6 - 2 2001～2016 年基于人均 GDP 的中国中部和西部地区发展水平对比

年份	2001	2002	2003	2004	2005	2006	2007	2008
中部地区（元）	5766.92	6285.82	7125.23	8663.05	10153.72	12171.18	14748.31	17638.14
西部地区（元）	5195.90	5708.25	6482.97	7760.87	9022.58	10777.60	13017.03	15865.15
二者差距（元）	571.02	577.57	642.27	902.18	1131.14	1393.58	1731.28	1772.99
西部地区占比（%）	90.10	90.81	90.99	89.59	88.86	88.55	88.26	89.95
年份	2009	2010	2011	2012	2013	2014	2015	2016
中部地区（元）	19316.06	22944.41	26963.49	29887.59	32797.47	35420.19	37409.42	40590.85
西部地区（元）	17445.18	21036.18	25724.36	29078.98	32223.33	34715.38	36279.83	38931.13
二者差距（元）	1870.88	1908.23	1239.13	808.61	574.14	704.81	1129.60	1659.72
西部地区占比（%）	90.31	91.68	95.40	97.29	98.25	98.01	96.98	95.91

3. 要素禀赋

根据产业生命周期理论和边际产业扩张理论，在发达地区向外进行产业转移的过程中，率先发生转移并且转移规模较大的产业主要是进入衰竭期、不具有竞争优势的边际产业，这类产业通常具有较高的替代弹性，并且主要集中在低技术产业（朱涛和邹双，2013；胡安俊和孙久文，2014）。结合中国产业转移的实际情况来看，当前从东部沿海向中西部内陆地区转移的产业多为劳动力和资源密集型产业，技术密集型产业的转移态势并不明显（原嫄等，2015），因此，产业承接区域的自然资源、劳动力资源等要素禀赋条件将在很大程度上影响承接转移产业的规模和位序。从另一个角度来看，新结构经济学的观点认为，区域产业发展是内生于区域要素禀赋条件的，处在不同发展阶段的区域会由于要素禀赋及结构的不同而导致产业发展处在不同阶段（林毅夫，2010）。当前，中国中部和西部地区位于全国发展格局中的中下位置，大多数区域尚且处在初级或中级发展水平阶段，要素禀赋结构也多体现在劳动力或自然资源相对丰富，产业发展多集中在劳动力及资源密集型产业。这种由于要素禀赋差距所导致的产业分工差别也会影响区域的产业承接能力，例如，一个区域由于具备某种独特的矿产资源而高度专业化于某种相关的资源密集型产业，那么，由于集聚经济的存在将使该区域在承接此类产业转移的过程中具有明显的比较优势。基于上述分析，进一步考察中部和西部地区间资源、劳动力等要素禀赋的差距，以分析二者在承接产业转移中所具备的比较优势。

（1）由于矿产资源储量在短期内具有高度稳定性，因此以 2003 年、2010 年、2016 年作为代表性年份，对中部和西部地区每万平方公里的主要矿产资源基础储量进行汇总（见表 6 - 3）。从中可以发现，中部和西部地区在矿产资源禀赋方面各有优势，但总体而言中部地区的优势矿种数量更多。其中，西部地区的优势主要集中在能源矿产资源方面，包括在石油、天然气以及菱镁矿方面占有绝对优势，而中部地区在煤炭资源丰富的同时还在铁矿、铜矿、硫铁等金属矿产资源方面占有明显优势。因此，仅从矿产资源禀赋的角度来看，中部和西部地区在承接不同类型资源密集型产业方面各具优势，可以充分依托本地优势资源和已有产业条件形成错位承接之势。

（2）进一步考察中部和西部地区劳动力成本的差异，需要说明的是，西藏作为西部地区省份，劳动力工资几乎为其余中部和西部省份的 2 倍之高，鉴于西藏发展具有特殊性，因此在统计西部地区劳动力工资时暂时将西藏的数据予以剔除。通过表 6 - 4 的统计数据可以看出，2001 ~ 2016 年，尽管西部地区发展水平相对滞后于中部地区，但劳动力工资水平却相对较高，各年份较中部地区高出 5% ~ 15%。再从各省域的数据来看，中部地区 6 个省份在 2001 ~ 2016 年的平均工资中仅有安徽超过 30000 元，而西部地区则仅有广西、云南、甘肃的平均工资在 30000 元以下。因此，从劳动力成本的角度来看，与中部地区相比，西部地区较高的劳动力成本将成为其承接劳动力密集型产业转移的重要阻碍，不具备比较优势。从产业转移的实际情况也可以看出，中部地区的劳动力成本优势已经很好地在承接劳动力密集型产业转移过程中发挥了重要作用。

表 6－3　2003～2016 年中部和西部地区每万平方公里主要矿产资源基础储量对比

年份	矿产种类	石油（万吨）	天然气（亿立方米）	煤炭（亿吨）	铁矿（亿吨）	锰矿（万吨）	铜矿（万吨）	菱镁矿（万吨）	硫铁矿（万吨）
2003	中部地区	70.70	2.09	12.93	0.26	59.62	14.98	0.00	807.59
	西部地区	97.16	25.80	2.39	0.09	19.33	1.51	39.41	101.59
2010	中部地区	63.68	1.01	10.39	0.28	63.62	12.46	0.02	479.49
	西部地区	156.41	46.42	2.10	0.09	16.56	1.81	0.35	109.33
2016	中部地区	56.92	5.21	10.67	0.34	25.23	8.66	0.00	340.15
	西部地区	214.88	66.90	1.70	0.10	39.67	2.14	0.35	107.14

表 6－4　2001～2016 年中部和西部地区劳动力工资对比

年份	2001	2002	2003	2004	2005	2006	2007	2008
中部地区（元）	8369.00	9611.17	10915.50	12604.67	14837.83	17119.67	20732.00	24269.33
西部地区（元）	9909.55	11237.45	12487.73	14119.55	15997.64	18638.82	22312.18	26252.45
二者差距（元）	1540.55	1626.29	1572.23	1514.88	1159.80	1519.15	1580.18	1983.12
西部地区占比（%）	118.41	116.92	114.40	112.02	107.82	108.87	107.62	108.17
年份	2009	2010	2011	2012	2013	2014	2015	2016
中部地区（元）	26823.50	31725.17	36916.67	41592.50	44606.17	48891.67	52852.83	57505.83
西部地区（元）	29034.45	33636.00	38502.45	43510.09	48584.36	53107.09	59063.09	64520.55
二者差距（元）	2210.95	1910.83	1585.79	1917.59	3978.20	4215.42	6210.26	7014.71
西部地区占比（%）	108.24	106.02	104.30	104.61	108.92	108.62	111.75	112.20

4. 政策因素

政策因素对区域发展的重要性在中国不言而喻，从改革开放以来东部沿海地区率先发展的轨迹中不难发现，政策因素在其中扮演着重要角色。在经历了长达几十年的持续快速发展后，东部沿海地区作为部分地区率先实现了"先富"的政策初衷，而如何进一步实现"先富带后富"，带动除东部地区以外其他地区的发展则成为国家区域发展政策所需解决的另一个关键问题。面对日益增大的区域发展差距，中国政府在实施改革开放 20 余年后开始加大了对欠发达地区经济发展的政策支持力度。其中，一项标志性的举措就是 1999 年率先提出的西部大开发战略，该战略主要从税收、基础设施建设、投资、技术、产业培育扶持和环境保护等方面入手，目的在于通过政府投资来加大对西部地区发展的支持力度（洪俊杰等，2014）。作为最早实施的大型区域振兴战略，可以认为，与中部地区和东北地区相比，西部地区作为欠发达区域在 1999 年以后具有短时期的政策比较优势。但从已有研究结论来看，西部大开发的实施虽然在某些方面促进了西部地区的发展，但对于缩小西部地区与东部地区、中部地区间经济发展差距的作用有限，甚至差距仍在扩大。从内在驱动机制来分析，国家主要是通过大量实物资本投入、基础设施建设、资源能源开发等手段来推动西部大开发，相对而言在体制改革和软环境建设等方面的重视程度不够，导致区域产业发展环境并未得到实质性的改善，产业发展及产业结构调整依然滞后（刘生龙等，2009；刘瑞明和赵仁杰，2015）。地方政府层面虽然致力于承接东部地区产业转移，但地方政府出于政绩考量出台的承接产业转移优惠政策又存在与当地真实产业承接条件相脱节的问题，致使承接的转移企业未促成产业的集聚效应（程李梅等，2013）。另外，从外部环境来看，在西部大开发政策实施的初期，中国制造业并没有从沿海地区向外扩散，而是直到 2004 年左右才开始出现较大规模由东向西转移的态势，此时国家又提出实施另一项大型区域振兴战略——中部地区崛起战略。相对而言，中部崛起战略的主要目的在于提升中部地区的产业层次，推进工业化进程，在区域发展中起到"承东启西"的作用，因而该战略的实施必然会在一定程度上稀释西部大开发的政策优势和战略意义，影响西部地区承接产业转移的强度。从已有研究所得出的结论来看，中部崛起战略的确有效促进了中部省份承接东部地区的制造业转移，特别是劳动力密集型产业已经大量转移至中部地区（洪俊杰等，2014）。综合上述分析可以看出，西部地区尽管率先实施了区域振兴战略，但由于国家层面的政策导向以及地方层面政策目标的不明确性，加上与大规模区域产业转移节点存在时间差，因而，与中部地区相比，西部地区在承接产业转移时并不具有明显的政策比较优势。

（四）产业结构升级的动力不足

西部地区在制造业发展过程中还存在另一个突出的问题就是产业结构升级的动力不足。从上文测算所得出的结果来看，1998～2013 年，中国四大区域制造业 UPG 指数及提升幅度分别为：东部地区由 6.030 提升至 6.381，提升了 0.351；中部地区由 5.782 提升至 5.971，提升了 0.189；西部地区由 5.874 提升至 5.996，提升了 0.122；东北地区由 6.291 下降至 6.069，下降了 0.222。从中可以看出，一方面，西部地区制造业 UPG 指数的基数相对较低，在四大区域中仅稍高于劳动力密集型产业发达的中部地区；另一方面，西部地区 UPG 指数还面临提升缓慢的问题，提升幅度不仅大幅度落后于东部地区，直至 2013 年都未达到东部地区 1998 年的水平，并且与中部地区存在较大差距，近期有被中部地区赶超的趋势，提升幅度仅高于制造业不断衰退的东北地区。因此，西部地区制造业结构高级度存在陷入"弱者恒弱"路径锁定效应的风险中，产业在发展过程中长期集中在中技术、低技术层次而难以实现向高技术层次跃升。

基于以上分析可以看出，西部地区制造业在全国层面存在产业结构升级缓慢的问题，那么，考虑区域内部存在的差异性，城市层面的提升态势又将如何？为了回答这一问题，需要进一步对地级尺度的数据进行计算，考虑西部地区有大量城市由于不适合发展制造业导致制造业规模极低，这样会使得制造业 UPG 指数处在剧烈波动中，因此，将初始年份（1998 年）

制造业产值低于 10 亿元的区域暂时剔除，该类区域的数量为 41 个。计算结果表明（见表 6 - 5），在符合以上条件的 90 个西部地区地级单元中，1998 ~ 2013 年制造业 UPG 指数处在上升状态的区域数量为 59 个，但也有多达 31 个区域的制造业 UPG 指数处在下降的态势中，换言之，西部地区有大量区域的制造业产业结构非但没有获得升级，反而还出现了降级的问题。再从主要制造业城市的提升状况来看，制造业 UPG 指数处于增长态势的包括重庆由 6.87 上升至 7.00、成都由 6.30 上升至 6.84、柳州由 6.39 上升至 7.05、南宁由 5.15 上升至 5.62、德阳由 6.01 上升至 6.66、包头由 6.16 上升至 6.47、贵阳由 5.85 上升至 6.08、乌鲁木齐由 5.98 上升至 6.30、玉溪由 4.80 上升至 5.17、呼和浩特由 5.38 上升至 5.44，表明这些城市的制造业结构处在由较低技术层级向较高技术层级升级的良好态势中。同时也有数量较多的城市处在下降的态势中，如西安由 7.01 下降至 6.82、昆明由 5.72 下降至 5.61、咸阳由 7.07 下降至 5.72、兰州由 6.23 下降至 6.11、绵阳由 7.37 下降至 6.74、宝鸡由 6.08 下降至 6.05、银川由 5.95 下降至 5.77、西宁由 6.21 下降至 5.99，表明这些城市的制造业结构出现了由较高技术层次向较低技术层次降级的问题。

表 6 - 5　1998 ~ 2013 年西部主要制造业城市产业结构高级度指数的提升幅度

城市	重庆	成都	西安	柳州	昆明	南宁	德阳	咸阳	包头
UPG 指数提升幅度	0.13	0.54	- 0.19	0.66	- 0.11	0.47	0.65	- 1.35	0.31
城市	兰州	贵阳	乌鲁木齐	绵阳	玉溪	宝鸡	呼和浩特	银川	西宁
UPG 指数提升幅度	- 0.12	0.23	0.32	- 0.63	0.37	- 0.03	0.06	- 0.18	- 0.22

西部地区制造业 UPG 指数的基数低、提升缓慢并且大量城市单元出现产业结构降级的现象，说明西部地区制造业在发展过程中面临较严重的产业结构升级动力不足的问题。西部地区相对而言并不具备良好的制造业本底条件，包括区位、交通、技术、市场、人才、开发区等要素对制造业发

展的支撑度较东部地区、中部地区仍有较大差距。并且西部地区的制造业基础多是建立在计划经济时期国家工业均衡布局的战略背景下，产业发展主要是根据资源禀赋条件以分布在价值链上游的原材料和能源加工产业为主，尤其集中在石油、钢铁、煤炭等产业，产业结构呈现明显的重型化态势（卢中原，2002）。就城市层面而言，各城市的产业发展战略通常是通过整合有限资源集中发展少数优势产业，形成专业化的产业分工体系，尽管这些产业较劳动力密集型产业具有一定的技术水准，但也导致在实际发展过程中，大多数区域均不同程度存在产业结构单一、产业链条较短、经济效益低下、产业带动能力不足的问题。随着改革开放进程的不断深化，全球化、市场化背景下的西部地区不具备制造业发展的区位优势和政策优势，产业发展环境日益严峻，引发产业结构升级缓慢甚至降级的问题。一方面，由于改革开放以来国家投资和建设的重点区域日渐向东部沿海地区转移，政策的倾斜加上现代化交通设施的建立和完善，使得沿海地区通过构建现代化的产业体系融入全球生产网络，不断成为中国制造业发展的中心区域。西部地区作为制造业的外围区域其地位逐渐弱化，在虹吸效应的作用下导致大量优质生产要素外流。另一方面，在资源日益枯竭的情形下，部分区域由于受到产业结构、产品类型和技术生命周期定律的影响，产业发展开始失去市场竞争力，此时，国有体制对产业发展的约束作用开始不断加强，原有的矿产经济和国企模式在市场化环境下开始显现诸多不适应性，并且逐步趋于衰退、瓦解（苗长虹等，2018）。由于技术更新缓慢、抵抗市场风险能力弱，西部地区传统的依托资源禀赋条件发展原材料和能源加工业的发展模式不断滞后于东部地区、中部地区融入全球生产网络这一新兴的外向型生产模式。另外，中国的高新技术产业开发区、高校、科研机构等高端产业平台和智力资源主要分布在经济发展水平更高的东部沿海地区，导致技术水平和技术进步存在明显的梯度空间差异，对于高度依赖技术创新的高技术产业发展而言，西部地区的科技和创新水平尚且难以满足发展需求。

综上所述，西部地区制造业在全球化、市场化经济下不断凸显出产业结构升级缓慢的问题，区域在长期发展过程中还形成了路径锁定效应，因此，对于大多数西部城市而言，要在上述"逆势"中实现路径突破的难度是非常大的。当然，也有如成都、重庆等少数核心城市，凭借良好的产业发展基础、区域中心城市的地位以及充足的智力资源等方面的支撑，能够通过大量承接国内外产业转移，融入全球价值链和全球生产网络，形成一系列具有较强竞争力的现代化制造业部门，从而激活产业发展动力并且顺利实现了产业结构的转型与升级。

二、非均衡发展中的路径突破：
成都高新区的案例解读

通过上文分析发现，由于改革开放以来中国整体上实行的是"沿海先行"的区域非均衡发展战略，导致西部地区制造业在发展过程中面临诸多问题，成为全国意义上的真正落后地区。但是，西部地区面积广阔，不同地区在经济背景、制度背景、产业基础等方面存在诸多差异（麦土荣等，2010），因此，区域制造业的发展轨迹和发展模式各不同。其中，部分城市在制造业发展方面取得了较突出的成就，在非均衡发展战略中成功实现了路径突破，对这类城市展开细致的案例分析，可以为整个西部地区制造业发展提供模板，具有丰富的借鉴价值。结合上述实证分析所得出的结论可以发现，成都、重庆是这类城市中最具代表性的两个案例，1998～2013年，成都的制造业规模由538.04亿元提升至6626.41亿元，产业结构高级度指数由6.30提升至6.84，制造业规模与结构高级度间的协调度由0.36提升至0.69；而重庆的制造业规模由659.29亿元提升至10902.36亿元，产业结构高级度指数由6.87提升至7.00，制造业规模与结构高级度间的协调度由0.41提升至0.78。无论从制造业规模、结构高级度，还是从二者协调发展程度来看，成都和重庆所取得的成绩都十分突出，不仅远远高于全国平均水平，也高于大多数东部地区城市。本节以成都制造业发展最突出的区域——成都高新区为具体分析案例，细致剖析其在非均衡发展战略中实现路径突破的过程与机制，为西部地区制造业发展提供相应启示。

（一）研究区概况

成都高新区是1991年经国务院批准设立的中国第一批国家级高新技术产业开发区之一。成都高新区初期选址于成都市南郊的一片农地，自成立以来的20多年，从无到有、从小到大，经历了快速的工业化进程，逐渐成为成都最具活力的增长中心。目前，成都高新区由南部园区和西部园区组成（见图6-2），南部园区定位为"现代服务中心、高端产业新城"，重点发展金融、商务、会展、研发、软件及服务外包等现代高端产业；西部园区定位为"业态完整的高科技工业发展区"，重点发展新一代信息技术、

图6-2 成都高新区示意图

生物、高端装备制造、节能环保等高科技制造业。截至 2014 年，成都高新区土地面积为 130 平方千米，总人口为 87.87 万人（含流动人口），产业增加值为 1178.2 亿元，单位平方千米经济产出为 9.06 亿元，是四川的 155 倍、成都的 11 倍，人均 GDP 为 3.2 万美元，已经达到发达国家水平。成都高新区同时还是科技部首批创建世界一流高科技园区的 6 家试点单位之一（具体包括北京中关村、上海张江、深圳、西安、武汉以及成都高新区），根据科技部的排名，2014 年成都高新区在全国 114 家国家级高新区综合排名中位列第四，仅次于北京中关村、深圳高新区和武汉东湖高新区。

（二）自上而下的地方化阶段：1990～2005 年

成都高新区"白手起家"于一片农田（位于成都市神仙树片区）。自 1990 年正式成立以来，总体处在以地方政府和地方企业为主要能动主体的地方化阶段。该阶段，当地政府主导下的制度设计为园区发展奠定了决定性基础，伴随着政府制度设计过程，园区通过大量内资项目的引进实现了制造业的快速发展，同时在主导产业的形成和演替、区域创新方面都体现出明显的地方性特征。整体上，地方化阶段政府主导下的制度设计因素作用重大，区域发展呈现明显的"自上而下"特性。

1. 地方政府主导的制度设计

20 世纪 90 年代以来改革开放的"西进"催生出成都高新区这一地方发展的"试验田"，未知的收益及风险使得当权部门在早期态度甚微。1990 年成立时，政府赋予成都高新区的开发面积为 2.5 平方千米，仅占市域面积的 0.02%，与此同时，通过设立作为政府派出机构的开发区管委会来推行"政府主导推进"的管理体制。随着 1991 年获批为首批国家级高新区，成都高新区成为国家顶级经济政策的践行者，也即获得了国家层面的制度认可。其后，作为城市权力执掌者的省、市政府通过行政力量干预，从地方层面展开充分的制度设计，最大限度地配合了园区的发展。伴随渐进式的管理权让渡和区划调整，不断强化了园区的综合管理权限，扩大了经济发展的纵深空间。如 1991 年专门设立的高新区"省市共建六人领导小组"确立了"凡涉及省、市上的经济管理权力全部下放高新区管委会"的决议；成都市政府于 1996~2003 年先后对成都高新区进行了 3 次区划调整，将面积由 2.5 平方千米增加到 82.5 平方千米，而区划调整中乡级行政单元的介入也让成都高新区由单纯的产业开发区转变为具有行政区职能的开发区。园区范围的扩大和管理权的综合化，实际上确立了成都高新区"地方行政主体"的地位。另外，除管理权让渡和区划调整外，地方政府在初期阶段还进行了一系列其他制度设计，也对园区发展产生直接影响。例如，通过行政操控对园区土地利用进行了大规模调整，仅 1988~1996 年，利益主体相对单纯的耕地和未利用地大幅度压缩了 23.26% 和 41%，而对应基础设施建设的居民点及工矿用地、交通用地则分别增长了多达 84% 和 90.03%。在经济载体建设方面，1990~2005 年通过调整、新建等方式共规划建设了 10 个设施完备、分工明确的工贸园区。在招商引资方面，根据产业发展需求制定了阶段性招商引资战略，其中，1990~1995 年注重项目数量的积累，累计引进项目数达 494 个，1996~2001 年随着电子信息、生物医药、精密机械三大主导产业的形成，转而注重完善产业链，2002~2005 年则以招大引强、升级产业链为目标。在此过程中，成都市政府、高新区管委会先后出台了多达 10 余份文件（见表 6-6），从税收、资金、土地等多方面对符合条件的入驻企业给予丰厚的政策支持，为产业发展奠定了重要基础。

表 6-6　1991~2005 年成都高新区产业发展优惠政策

年份	发布机构	文件名称	优惠政策类型
1991	市政府	《成都市高新技术产业开发区若干政策的暂行规定》	资金、土地、信贷
1992	市政府	《关于鼓励外商在高新区投资的若干规定》	税收优惠
1992	管委会	《关于外来投资者和开发区内高新企业实施优惠待遇的补充暂行规定》	税收、资金、土地、信贷

续表

年份	发布机构	文件名称	优惠政策类型
1992	市政府	《关于鼓励出国留学人员来高新区工作的暂行规定》	创新创业
1992	管委会	《关于实施鼓励重大产业项目税收优惠的规定》	税收
1997	管委会	《成都高新区重点纳税企业奖励的办法》	企业奖励
2003	管委会	《关于实施产业用地优惠政策的办法》	土地
2004	管委会	《关于实施鼓励投资重大产业项目优惠政策的办法》	税收、土地
2004	管委会	《关于实施创新创业优惠政策的规定》	创新创业
2005	管委会	《关于实施鼓励企业技术创新和科技创业的扶持政策的规定》	创新创业

资料来源：整理自《成都高新区地方志》。表6-7同。

2. 地方企业主导的内生经济发展

地方化阶段，地方政府展开的充分制度设计对区域产业发展起到重要推动作用，自1996年展开系统经济统计以来，成都高新区经济快速发展，地区生产总值由1996年的189101万元增加至2005年的1409204万元，年均增长率高达25%。同时，该阶段内资企业占到绝对比重，截至2005年，成都高新区共登记的1.08万户企业中内资企业占96.06%，因此该阶段成都高新区实际上是一个以本地企业为集聚主体的内向型新型产业空间。

地方化阶段的成都高新区在主导产业方面先后经历了形成阶段和转型阶段。形成阶段发生在第一次区域范围调整之前的1990~1995年，由于缺乏工业基础，策略为通过招商项目的"大推进"以解决"立区"矛盾。根据成都市政府发布的《关于推进成都科技密集型开发区建设》文件，当时共确立了新材料、光机电、生物、微电子和计算机应用、中成药开发、传感、激光、核技术应用、光纤通信九大重点产业领域。该阶段累计引进项目达494个，其中内资项目比重占绝对主导的70.04%，工业总产值由1990年的6651万元增加到1995年的36.9亿元，翻了55.48倍，初步形成了电子信息、生物医药两大优势产业。但该阶段产业体系庞杂、企业技术门槛低，尚未形成真正意义上的高技术产业集群。随着 1996 年区域范围调整，成都高新区主导产业体系随即开始转型，策略为通过产业精简实现"高端突破"，电子信息、生物医药、精密机械被确定为优先发展产业。新的产业体系更简洁且符合发展潮流，成都高新区通过"吸引、改造、淘汰、迁走"等方式改变了过去杂而小的产业体系格局，不断向新的主导产业要求靠拢。随着产业氛围、基础设施、公共服务设施的提升，园区吸引了大批拥有自主知识产权的国内企业入驻，开始零星出现跨国制造企业的分支机构。至 2005 年，成都高新区工业总产值达到 62.67 亿元，比 1995 年又翻了 1.70 倍，规模以上企业 279 家，世界 500 强和国际知名企业设立分公司 28 家，而电子信息、生物医药、精密机械制造三大主导高新技术产业的工业增加值分别占全区的 43.6%、29.6 和 7.6%，合计占 80.8%。

　　除主导产业所取得的成绩外，成都高新区在地方化阶段所取得的创新成果十分突出。作为成都高新区最重要创新载体的高新技术企业，自 1991 年以来呈现蓬勃发展的态势（见表 6-7），由 1991 年的 23 家增加至 2005 年的 812 家，占全省比重常年保持在 50% 以上。入选企业集中在电子信息和生物医药产业领域，如 2005 年 812 家高新技术企业数中从事软件类企业 86 家、系统集成服务类企业 95 家、生物医药类企业 150 余家，三者比重合计超过 40%。当然，尽管成都高新区在地方化阶段总体取得了丰硕的创新成果，但由于创新门槛较低，该阶段的高新技术企业多为具有专利的民营企业，依然存在规模偏小、创新能力偏低的问题，如 2005 年从事系统集成服务的 95 家企业中，规模较小的三级、四级企业达 83 家，从事生物医药类的 150 余家企业，也仅有 25 家通过 GMP 认证。区域创新水平的提高与当地政府部门采取的一系列鼓励措施密切相关。一是通过优惠政策吸引高素质的创新创业人才，1992 年，成都市政府出台了《关于鼓励出国留学人员来高新区工作的暂行规定》，至 2005 年，成都高新区已吸引留学人员 222 人，这些具有高学历及外资企业工作背景的高级人才在成都高新区创办的在孵企业达 184 家，成为园区自主创新的重要主体。二是通过地方财政增加创新资金供给，1997 年以来成都高新区陆续出台了科技三项费、科技计划、战略性新型产品培育专项等一系列科技资金扶持政策，有力地促进了科技型企业的起步和发展。另外，2004 年成立的政府主管的成都高新创新投资有限公司，对中小企业开展股权投资、投融资服务、战略发展、股权管理等科技金融业务，也带动了中小企业的创新步伐。

表 6-7　1991~2005 年成都高新区高新技术企业统计　　单位：家

年份	1991	1992	1993	1994	1995	1996	1997	1998
认定高新技术企业	23	42	35	18	18	23	31	36
实有高新技术企业	23	65	116	134	152	175	206	242
年份	1999	2000	2001	2002	2003	2004	2005	
认定高新技术企业	69	101	115	83	162	115	112	
实有高新技术企业	272	378	493	524	605	700	812	

（三）自下而上的全球化阶段：2005~2013 年

早在 20 世纪 90 年代初，成都市政府便试图通过吸引外资、扩大出口，把成都高新区建设为全市对外开放的"窗口"，推动外向型经济的发展与转型。但空间上深居内陆的区位劣势以及时序上落后于沿海地区的改革开放进程，使得成都高新区的全球化进程长期滞后，如 1999 年全区外贸出口额为 2020 万美元，仅相当于沿海地区的乡镇水平。直至 21 世纪初期，在全球生产网络加速重组、中国加入 WTO 等多重背景下，以最早的英特尔（2003）及随后的友尼森（2004）、宇芯（2004）、莫仕（2005）等大批知名跨国公司的集中入驻并在 2005 年左右形成产能为起点，成都高新区开始了真正意义上的全球化转型。又由于市场因素在此过程中起着支配作用，因此区域发展表现出明显的自下而上的特征。

1. 跨国企业主导与全球化转型

2003 年，经过成都市政府的充分努力和双方的多轮斡旋后，全球最大的半导体芯片制造商——英特尔公司宣布投资 3.75 亿美元在成都高新区

中国制造业规模与结构的时空演化及耦合协调研究

设立半导体芯片封装测试工厂。在产业生态系统尚且薄弱的情况下吸引世界顶级知名企业入驻迅速引发了众多跨国资本的关注，随后产生"蝴蝶效应"吸纳了大批集成电路设计、研发、芯片封装测试等上下游配套跨国企业到成都高新区投资办厂。例如，集成电路产业集群，迅速聚集了英特尔、友尼森、美国芯源、德州仪器等100多家IC企业，并吸引了莫仕、BOC、林德、梅塞尔、联华等众多配套企业。以电子信息产业为突破口，此后成都高新区跨国投资不断增加（见表6-8），仅在2008年因受大地震以及国际金融危机影响出现下滑。

表6-8 2006~2014年成都高新区实际利用外资统计

单位：亿美元

年份	2006	2007	2008	2009	2010	2011	2012	2013	2014
实际利用外资	6.51	9.08	12.29	7.97	9.02	11.97	16.15	21.18	21.40

资料来源：整理自相应年份的《成都高新区统计年鉴》。表6-9同。

伴随跨国企业投资的不断增多，主要跨国公司将成都工厂定位为全球生产体系的一部分并将大量"成都造"商品供应至全球，成都高新区开始真正融入全球贸易网络，对外贸易不断增长。在此过程中，2001年、2003年国务院相继批准在成都高新区南区、西区建立出口加工区以及2010年批准建立综合保税区，为园区开展对外贸易提供了很好的政策及空间载体保障。在此背景下，成都高新区外贸出口额整体增长强劲（见表6-9），由2006年的7.01亿美元增加为2014年的177.50亿美元，年均增长率高达49.77%。以富士康的Ipad、英特尔的笔记本电脑芯片及处理器、德州仪器的半导体圆晶等产品为代表，少数跨国核心企业的"成都造"产品成为全球商品链的重要组成部分。

表6-9 2006~2014年成都高新区外贸出口额统计 单位：亿美元

年份	2006	2007	2008	2009	2010	2011	2012	2013	2014
外贸出口额	7.01	10.63	20.06	26.88	36.00	116.10	174.40	170.38	177.50

126

　　当然，在全球化转型阶段，成都高新区在产业发展过程中也存在一大重要特征：少数核心跨国企业主导了产业体系。英特尔的成功引进使得成都高新区开始拥有真正具有产业支撑力的全球性企业。此后，以电子信息产业为典型，跨国企业凭借核心技术和品牌优势在产业体系中的地位不断提升，逐步形成"国际企业主导＋国内企业配套"的"领导型"企业网络。例如，集成电路产业方面，呈现英特尔和德州仪器引领下的"双核驱动"发展态势，随着上下游配套企业的加入，产业聚集度迅速提升，已形成一个由 IC 设计、晶圆制造、封装测试及配套企业组成的完整产业链。在软件产业方面，在 IBM 服务外包业务中心和美国新聚思中国研发中心的带动下，园区已集聚 6 家全球软件十强企业，从事高端软件和新兴信息服务的企业达 1200 余家，成为国内重要的软件及服务外包基地。生物医药和精密机械产业缺乏具有产业领导力的跨国企业引领，受全球化影响相对较小。

　　2. 全球化转型的价值链特征

　　借鉴已有对电子信息产业价值链的研究（李健等，2008），结合企业投入产出状况以及实地调研情况，对全球化阶段成都高新区核心跨国企业的价值链特征进行分析（见图 6 - 3）。从中可以发现，成都高新区跨国企业总体处于以生产分工为主的较低价值链环节，即处于价值链微笑曲线中部的生产环节。同时，由于成都高新区在中后期以来定位于发展高端产业，对项目接纳设定了一定门槛，因此不少企业参与的是价值链制造环节中附加值尚且较高的高端产品制造环节，典型如英特尔、德州仪器、戴尔等。英特尔通过多次增资，将其成都工厂发展为全球最大的芯片封装测试中心之一，其芯片组和微处理器产量分别占英特尔全球产量的 80% 和 50% 以上，实现年产值 287.5 亿元。德州仪器 2010 年在成都高新区设立在中国第一家 8 英寸圆晶厂并即将设立更为先进的 12 英寸晶圆凸点加工厂，成为该公司在全球唯一的圆晶制造、封装、测试于一体的全产业链制造基地，实现年产值 7.5 亿元。戴尔成都基地建立 28 条生产线，达到 700 万台电脑整机的年产能，实现年产值 407 亿元。当然，除高端产品制造外，成都高新区也有一些规模较大的从事一般产品制造及代工生产的跨国企业，如莫仕连接器公司生产相对低端的电子连接器，实现年产值 22.8 亿元。代工生产企业以富士康成都生产基地为典型，该基地已形成以鸿富锦公司为核心，睿志达、鑫成、业成等配套的大型代工生产基地，拥有员工 10 万余人，生产苹果平板电脑 3000 多万台，实现年产值 732.2 亿元。

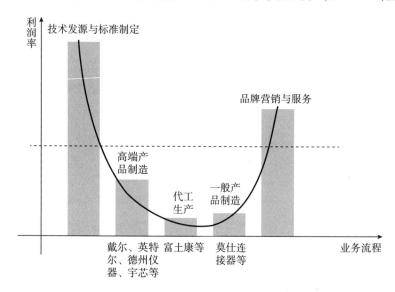

图 6 - 3 成都高新区主要跨国企业的价值链特征

3. 全球化转型期的地方化配套

全球化是嵌入在地方经济和制度环境之中的，即地方独特的经济基础、制度环境以及由此形成的产业氛围对各种全球化的商品、资金、信息、生产要素等"流"有黏着作用（贺灿飞和毛熙彦，2015），因此在全球化转型阶段，地方依然是经济要素空间区位的重要基础。在全球化转型期，成都高新区以地方企业以及地方政府为主体参与者的地方化力量积极参与、配合了园区的全球化转型。在地方企业的配套方面，全球化转型期跨国公司在成都高新区设立生产及少量研发基地，迅速建立以之为核心的"领导型"企业网络，而已具备一定发展基础的本地企业则很好地补充了该网络，体现在：①消化产能。本地企业通过承接外包或代工业务来帮助消化跨国公司产能。②组建产业链。大批本地企业及国内迁移企业迅速以各自领域的跨国企业为核心，组建上下游配套产业链。③分享产业氛围。随着三大主导产业陆续形成国内甚至国际影响力，大批国内相关企业为分享良好的产业氛围入驻园区。在地方政府的配套方面，以包括园区管委会在内的地方政府部门为主要决策者，在该阶段也始终在配合成都高新区的全球化转型，体现在：①早期阶段试图通过效仿新加坡等地开发区的外向发展模式来实现园区的快速转型。②在获得一定发展基础后，通过"尺度上推"寻求获得更高级别政权机构的"西部"特殊支持，典型如2006年成为全国6个创建"世界一流高科技园区"试点单位之一。③利用自身权限，通过"尺度下推"在区划调整、基础设施建设、招商网络、优惠政策等方面继续实现经济秩序的自我强化。

（四）全球化转型的脆弱性与未来新模式的探讨：2013年至今

1. 全球化转型的脆弱性

2005年以后的全球化转型，成都高新区一方面持续了经济的快速发展，地区生产总值由2006年的182.15亿元增加至2014年的1178.2亿元，年均增长率保持在26.38%的高水准。但同时值得注意的是，2008年以来经济增速已出现明显的下行趋势（见图6-4）。除受2008年大地震这一突发因素的影响外，更深层次的原因在于2008年国际金融危机导致外部发展环境发生改变。首先，发达国家为全面调整其国内制造业而纷纷提出的"再工业化战略"，进一步引发全球制造业的重构，客观上导致成都高新区招商环境恶化甚至出现部分制造类跨国公司向本土回流的情况。笔者调研走访负责招商工作的投资服务局也肯定了这一不利因素。其次，全球经济下行引致的消费市场不振抑制了外向型企业的产能，如2014年三大旗舰企业英特尔、富士康、德州仪器产值分别下降了9.73%、3.17%、3.10%。最后，部分制造企业或制造环节出现向劳动力成本更低的发展中国家或地区转移的趋势，典型如成都富士康基地，笔者调研发现，其已开始分散投资至东南亚地区，员工数由高峰时期的 30 余万人下降至目前的不足 10 万人。由此可见，成都高新区制造业在金融危机以来实际上既面临发达国家从高端向中端延伸的竞争，也面临新兴市场和发展中国家从低端向中端发展的竞争。

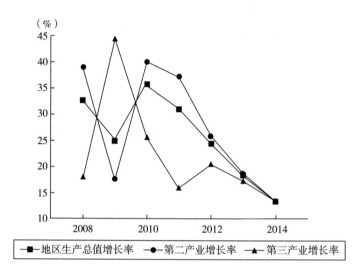

图 6-4　金融危机后成都高新区的经济发展趋势

资料来源：整理自相应年份的《成都高新区统计年鉴》。

　　除金融危机这一宏观背景，成都高新区长期以来以"要素补区位"、"政策补区位"的发展模式所累积的结构性矛盾并发也是一潜在原因，结构性矛盾主要源于：首先，主导产业过于集中。自 1996 年将电子信息、生物医药、精密机械确定为优先发展产业以来，成都高新区形成了长时期的三大产业主导的格局，大量国内外企业和新企业如潮涌之势集聚，而政府为之量身定制的产业生态环境则不断挤压了其余产业的生存空间，造成了如服务业地位不断下降的怪象。经过 20 余年的发展，部分原主导产业的发展前景趋于黯淡，导致经济发展在面对危机时的回旋余地有限。其次，跨国企业过分处于主导地位。跨国企业的进入具有产业引领、知识溢出、形象塑造等多方面正向效应，但同时跨国企业在市场环境中展现出的全方位优势也会在一定程度上抑制本土企业的发展，导致本土企业长期处于"从属"和"追赶"的角色。实际上，以压缩成本或放大利润为目的的跨国企业，多数仅将其西部工厂作为全球生产和制造基地，也是继东欧及中国沿海地区后的再次区位替代，在面对危机时它们仍有区位选择余地。扎根当地的本土企业应当负起更多的责任，但在跨国企业过分主导产业体系的情形下，本土企业在危机面前显然力不从心。最后，中低端价值链锁定。跨国公司为了实现对全球生产资源的充分利用，通过构建内部价值链分工体系，将产业链条中的部分工序转移至海外子公司。成都高新区的跨国企业虽多为技术、资本密集型，但转移的仅为劳动力最密集的生产工序，如电子信息产业的封装测试、圆晶制造以及最终的产品组装等。另外本土企业的自主创新能力有限，造成产业发展的中低端价值链锁定，影响了经济发展的质量和可持续性。

2. 双重驱动新模式的探讨

全球化转型以来定格于全球制造环节的成都高新区，在后金融危机时代已显现出了各种新问题和新趋势，原有的发展方式、产业体系和技术选择模式在全球分工中所处的劣势和弊端加速显现，尤其在全球金融危机的不利因素下，既暴露了外向型经济的脆弱，也显现出本土经济的不足。在此背景下，地方政府主导下的一系列"制度回归"举措，尤其是"三次创业"的开启对于将发展轨道引导至地方化和全球化的双重驱动模式，即重塑地方发展模式起到关键性作用。

（1）新的主导产业体系模式。根据《成都高新区"三次创业"产业发展规划（2013－2020年)》，成都高新区确立了"4＋1"主导产业体系，分别为新一代信息技术、生物、高端装备、节能环保和生产性服务业。可见成都高新区的产业体系将伴随多样化、升级化和本土化而发生转型。五大主导产业的重新确立有利于化解长期存在的因主导产业过于集中所带来的风险，从原有庞杂的主导产业中甄选出更高技术创新性的产业部门作为新的主导产业，如将电子信息产业替换为下一代信息服务产业，将精密机械制造产业替代为高端装备产业，则更好地契合了未来高技术产业的发展方向。另外，节能环保及生产性服务业首次纳入主导产业，从实际状况来看，这两大产业规模较小且未受全球企业的过多牵制，反映出的是地方政府正试图通过修正产业蓝图来培育本土产业和本土企业，以缓解外企过强带来的结构性风险。

（2）新的产业空间模式。国内外的经验表明，培育以发展高端的研发、制造等现代产业为主的新产业空间是大都市提高国际竞争力和影响力的关键。按照"三次创业"的产业空间规划，成都高新区将形成产业空间新模式，包括大源和中和两大新产业空间组团（见图 6-5）。新产业空间的兴起缓解了过度依赖跨国企业集聚的传统制造业空间的压力，尤其是英特尔、TI、戴尔等所在的综合保税区。其中，大源组团用地面积约 20 平方千米，规划居住人口约 37 万人，包含了多个现代服务业产业园区——大源商务商业区、国际会展中心、天府软件园区、金融后台服务园区以及 5 个配套居住区。中和组团用地面积约 20 平方千米，规划居住人口约 35 万人。位于中和南组团的新川创新科技园作为"一号工程"载体，用地面积约 10 平方千米，盯准公司总部和研发中心，大力发展创新型都市产业，打造国际化产业合作平台，主要包括综合性创新科技研发区、生物产业聚集区、新一代信息技术产业聚集区、高端装备和节能环保等产业培育区、生产性服务业聚集区等。

（3）新的创新模式。在"三次创业"规划中，加强自主创新被摆在突出位置，反映出成都高新区正试图把经济发展进一步转到依靠科技进步和创新驱动上来。首先，实施企业创新主体培育工程，包括支持企业与本地科研院所开展研发合作，推进本土企业高水平研发机构建设及高新技术企业培育，支持跨国企业设立研发机构以促进国际先进技术的跨国转移等。其次，实施科技创新服务体系建设工程，如引导建立以企业为主体的产业技术创新联盟等新型创新组织，支持公共服务平台建设，建立以需求为导向的技术转移途径等。再次，实施科技金融创新工程，主要包括优化完善由天使基金、风险投资、债券融资、股权融资、上市融资等构成的梯形融资服务体系,积极探索科技资源与金融资源有机结合的新机制和新模式。最后,实施人才强区工程,如加快培育和聚集符合技术创新需求的高层次、复合型科技人才,并鼓励企业引进海内外高端管理人才等。

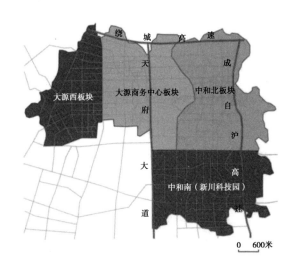

图 6 – 5 成都高新区新产业空间规划

资料来源:根据成都高新区规划建设局提供的资料绘制。

(4)新的园区定位模式。早在 2008 年,成都市委、市政府就作出全面推进成都高新区南区天府新城建设的决策,拉开成都高新区由传统产业区向综合新城转变的序幕。在其后的《关于进一步加快天府新城建设若干政策的意见》中,天府新城被定位为成都未来的现代商务中心和高端产业新城,由此,其设立时作为功能单一的产业园区的定位已发生变化,开始向具有综合功能的城市新区转变,即由"产"向"城"的转变。其后,随着地下空间、综合交通系统、综合管廊系统、水系绿地链、特色街区等现代化城市基础设施的完善,天府新城已在行业总部、高端产业、商圈、文化休闲设施等方面形成一定集聚力。而近年来国家级新区——天府新区的提出及落实为成都高新区的新城化转型注入了新的动力。在 2015 年国务院批复的《成都市城市总体规划 2011 – 2020》中,成都未来将形成"一区双核六走廊"新格局，其中天府新城将作为"双核"之一，由此足以看出其在当地全域发展格局中举足轻重的地位。

（五）成都高新区发展模式的梳理

开发区作为地方化与全球化作用的交汇点，是地区制造业增长的发生器（Wei，2007），20世纪90年代以来，中国渐进制度改革进入攻坚阶段（杨永春，2013），即对于地域上而言的全面改革开放阶段，西部地区开始零星出现以各类国家级开发区为典型的国家政策的试点区，通过吸引外商投资、壮大本土企业、构建产业集群，日益成长为驱动西部地区制造业发展的增长极。从成都高新区的发展实践来看，随着全球化进程的深化，建立地方—全球链接，打造内源拉动和外源拉动结合的"双引擎"发展机制是打破区域制造业原有发展路径的重要实现路径。

将成都高新区视为经典案例，对西部典型城市制造业的发展转型路径进行全面梳理，认为成都高新区制造业发展所取得的成就是地方化和全球化相互渗透、相互配合的产物。结合上述研究，尝试归纳出成都高新区完整的转型路径（见图6-6），得到以下三点主要结论：首先，催生于20世纪90年代政策环境下的成都高新区，其制造业发展动力最初源于政府政策层面的渐进式供给，在此基础上以地方企业为主体的园区经济迅速活跃，形成相对"单纯"的自上而下的发展模式。其次，经济全球化的"西部"阻碍在21世纪初期被打破，全球知名跨国企业的相继入驻使得成都高新区开始融入到全球生产网络，形成了部分具有一定国际影响力的高技术产业集群，驱动了外向型经济的快速发展。但对跨国公司的价值链进行分析也同时可以看出，以寻求成本最低为根本目的的跨国企业"西进"，多数仅作为生产、制造基地，实际上也是继东欧及中国沿海地区后的再次区位替代。在这一阶段形成了相对复杂的市场力量为主、制度设计为辅的自下而上的发展模式。最后，全球金融危机这一突发事件充分检验出过度依赖全球化经济的脆弱一面和本土经济尚且薄弱的一面，动荡的局势下如何保证发展的可持续性以及未来会不会出现跨国企业为寻求更低成本而再次转出的问题，值得思考并提前应对。成都高新区的做法是通过行政手段实现地方化力量的"回归"，将发展模式转向地方化和全球化的双重驱动上，具体借助"三次创业"将主导产业推向多样化、高端化、本地化，同时实现开发区由"产"向"城"的转变。

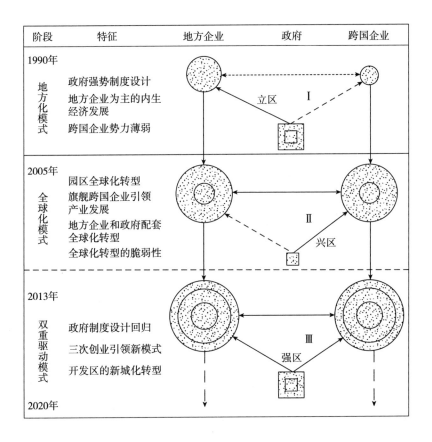

图 6－6　成都高新区的发展转型模式

在中国渐进制度变迁过程中，西部的开发区率先打开了政策的缺口，是西部地区地方化力量和全球化力量激烈交汇和博弈的场所，有望通过实现制造业的快速提升而成长为带动区域发展的核心增长极，并且在非均衡发展战略中实现对原有路径的"解锁"、探索出新的发展路径。对于典型开发区制造业发展路径和模式的归纳可以为相关城市甚至整个西部地区制造业的发展提供一定的参考。

三、未来西部地区制造业发展的主要启示

（一）从顶层设计上提升国家对西部大开发的政策支持力度

当前，西部地区是全国层面真正意义上的制造业落后地区，从上文分析可以看出，既体现在制造业规模偏小，也体现在制造业结构升级偏慢，同时二者间的协调度水平在全国四大区域中处于最低层级。从演化经济学的观点来看，当前西部地区制造业在很大程度上已经陷入一种自我循环的发展路径中，产业长期处在重化工业的发展阶段，在市场化环境下逐渐丧失对其他产业的发展能力，大多数区域都难以创造出新的发展路径。未来如果不能对西部地区制造业进行及时有效的外部力量干预，区域发展的上述路径很可能在惯性的作用下不断强化（苗长虹等，2018），以至于始终处在"弱者恒弱"的路径锁定阶段。上述问题的长期存在导致东、西部地区间区域发展差距持续扩大，不利于实现区域经济的协调发展，并且制造业高度集中在东部沿海地区会持续增大东部地区的资源环境压力，同时也不利于国家的地缘安全。因此，未来亟须进一步提升西部地区的制造业发展水平，实现制造业在国家空间层面的协调、有序发展。但是当前制造业高度集聚在东部地区的态势仍未得到根本性改变，也就是说，东部地区的制造业尚未达到向外转移的内生临界点，要通过大规模产业转移以实现区域制造业的协调发展仍需更多依赖政府政策这一外生变量（洪俊杰等，2014）。因此，从政策角度来看，今后国家应当进一步从顶层设计上提升对西部大开发政策的重视程度和实际支持力度，重点提升西部地区的制造

业发展水平。改革开放以来的历史实践表明，中国政府作为在特定制度框架下所形成的"发展型政府"，在过去几十年的主要职能在于推动国家的经济发展与转型，政府不仅是公共服务的提供者，更是经济活动的关键参与者（张斌和茅锐，2016）。其中，由于中国采取的是区域渐进性的改革开放模式，在空间层面造就了显著的制度差异，为创造多样化的区域发展路径奠定了制度基础（贺灿飞，2018），而20世纪中后期以来东部地区的快速发展很大程度上也同样是得益于国家政策的导向。因此，在现有的发展型政府框架下，中国政府有能力通过实施强有力的区域战略和产业战略推动产业发展突破对已有路径的依赖，驱使西部地区制造业在非均衡发展路径中实现对现有路径的突破。

首先，从区域战略来看，西部大开发承担了缩小东、西部地区间区域发展差距的重大使命，但当前西部大开发实施了近20年，仍未显著推动西部地区GDP和人均GDP等关键指标的异速增长，区域间的经济发展差距仍在持续扩大（淦未宇等，2011；刘瑞明和赵仁杰，2015），这与我国实施区域战略的初衷是相违背的。从福利经济学的角度来看，出现上述问题的主要原因在于市场最优状态下的集聚与社会最优状态下的集聚之间出现了较大偏离（吴福象和蔡悦，2014）。考虑到东、中部等地区实际上已经达到或接近新兴工业化国家的发展水平，经济总量和增长速度总体已处在较高水准，产业发展也进入了较稳定的路径中，过多区域振兴战略的同时实施在一定程度上会稀释西部大开发的战略地位，影响实施效果。因此，未来国家空间战略应当进一步加大向西部地区的倾斜力度，将西部地区的发展问题提上新高度。换言之，在市场机制难以短期内实现资源最有效配置的情形下，未来制造业的空间布局应当借助区域战略从市场最优集聚适当转向社会最优集聚，实现二者的有效互补与合理组合。其次，从产业政策来看，西部大开发的关键应当在于产业的开发。理论上，破除区域产业发展的路径锁定效应不仅在于升级区域的内生资源禀赋及结构，制度变革、政策导向等外生因素也可以间接强化区域本身的内生资源禀赋结构或者直接提供创造新发展路径的机会从而解除原有路径（陈喜强，2017）。

由于区域固有的资源禀赋具有内生性和稳定性的特点，因此对于西部地区而言，尽快解除产业发展路径锁定的主要途径应当在于实施具有偏向性的产业政策。已有研究表明，西部大开发的实施较有效地改善了西部地区的基础设施水平和产业投资环境，并且国家出台了一系列鼓励政策来加快推动西部地区承接国内外产业转移的步伐（李娅和伏润民，2010）。从实施效果来看，尽管西部地区仍处在产业发展的边缘位置，但近年来中国部分产业呈现加快向西转移的良好态势。因此，未来应当进一步强化国家政策的引导作用，促进东部地区产业加快向西部地区转移，尤其需要在遵从市场经济运行规律的前提下，增强西部地区产业发展支持政策的有效性，包括从基础设施建设、财政补贴、税收优惠政策、金融支持政策、科技创新政策以及产业转移政策等方面进行综合化、体系化的导向。

（二）提升对外开放水平，加快融入全球生产网络

在当今经济全球化时代，全球经济正围绕全球价值链和全球生产网络而持续不断地进行重构（Blažek，2016），可以说没有任何一个国家或地区能够独立于全球化浪潮而获得有效发展。技术的进步和贸易的自由化使得一种产品在多个国家或地区进行跨界生产成为可能，以跨国公司为主导的全球生产网络获得了不断深入的发展。对于发展中国家或地区而言，由于在新的产品内分工体系下，参与垂直专业化生产的进入门槛显著降低，使得越来越多的发展中国家或地区得以嵌入全球生产网络中获取相应的分工利益。历史上，20世纪60年代亚洲"四小龙"以及1978年以来中国东部沿海地区的成功案例都充分证明了，即使是落后国家或地区也可以通过提升对外开放水平、参与全球生产网络而带动实现产业发展、技术升级和价值链的提升（邱斌等，2012；贺灿飞等，2017），这为当前西部地区全球化战略的实施提供了可供借鉴的模板。

正如上文所述，由于中国改革开放以来实施的是区域渐进性的改革开放模式，从空间角度来看，东部沿海地区作为部分地区率先进行制度变革，借助优惠政策开发、开放部分城市和区域，建立了"两头在外"的外

生型发展模式，在外商投资的牵引下以加工贸易的方式融入全球生产网络，推动了制造业的腾飞发展。相反，在以海洋方向为主导的对外开放时代，西部地区并不具备率先实施对外开放的区位条件，劳动力、资本等生产要素也大量流失至东部地区，导致产业发展处在相对封闭的自我循环状态，难以获得融入全球生产网络机会通道，这既体现在区域所吸引的外商投资份额较低，也体现在制造业产品主要服务于国内市场而出口不足。因此，西部地区融入全球生产网络的深度和广度与东部地区相比均存在较大差距，这种封闭式的产业发展模式导致了制造业发展水平的整体滞后。但是，近年来为了优化经济发展空间格局，党中央明确提出实施一系列战略措施，其中包括 2013 年提出的"一带一路"倡议。"一带一路"倡议构想在顺应全球经济区域主义浪潮的基础上，通过构建以中国为核心的全球经济治理新平台，将中国区域发展战略的重大转型放到重塑世界经济地理格局及全球治理模式变迁这一全新的国际关系中（吴福象和段巍，2017）。"一带一路"倡议的实施将极大程度重塑中国对外开放的空间格局。为促进资本跨区域流动，未来中国的对外开放格局由向东开放调整为向东、向西双向同时开放，由此内陆地区对外开放的战略地位及深度、广度均获得了极大提升，这将在一定程度上弱化沿海地区的第一自然优势，强化西部地区的第一自然优势（刘卫东，2015；刘慧等，2015）。从"一带一路"倡议的实施效果来看，在向西开放后，以中欧班列为载体的向西经贸通道被打通并获得了日益深化的推进，西部地区的资源优势和区位条件开始被激活，人流、物流、资金流、技术流、信息流等核心生产要素有望加快向西部地区汇集，重塑中国制造业产业空间格局。

因此，对于西部地区而言，"一带一路"倡议的实施将为提升对外开放水平、融入全球生产网络提供一次前所未有的机遇。从全球生产网络理论的角度来看，区域发展是本地资产与跨国企业间实现战略性耦合的结果，如何在西部地区通过构建符合企业和产业需求的区域制度环境（Regional Instisution）以最终实现区域资产（Regional Assets）和全球生产网络的战略性耦合则至关重要（杨春，2011；刘逸，2018）。首先，实现战略性耦合需要城市和区域行动者（包括各级政府、企业、产业联盟等非政府组织）达成共识，在此基础上广泛参与并不断协调全球经济战略利益，对于西部地区而言，该协调过程应是以整个区域的全球化利益为核心而具有充分战略意图的。其次，当一个区域存在一定数量的跨国公司和非公司机构时，通常可以通过相互关联的功能和运作而构成该区域与外部间联系的全球性桥梁和纽带，并可通过商品及服务的生产和分配成为区域内本地企业及产业集群与区域外部相互作用和交流的渠道，提供本区域所不具备的知识和资产。因此，对于缺乏国际资本的西部地区而言，未来需要进一步加大引进跨国公司和非公司机构的力度，尤其需要重点引进部分具有产业带动能力的旗舰型跨国公司。再次，构建合理的区域制度环境将对实现战略性耦合起到关键性的作用，因此，西部地区未来需要进一步塑造、培育出符合跨国企业利益需求的区域制度环境以加快引进国际资本，通过员工培训、教育提升、鼓励创业、风险资本投入等多方面的治理以完善西部地区增长的支撑环境。当然，对于西部地区而言，由于跨国企业通常具备更高层级的结构性权利而处在支配地位，这在成都高新区的案例中也得以体现，因此，区域制度环境的构建需要兼顾本土企业、员工等非跨国企业行动者的利益。最后，一个区域资产的丰富程度和专有程度是决定其嵌入全球生产网络深度、广度和结构的重要因素。当前西部地区在矿产资源、生态环境、人力资本等方面具有一定的比较优势，未来西部地区需要进一步重组和挖掘区域资产，尤其在实现区域资产多样性的基础上挖掘出部分具有专有性和比较优势的区域资产，为西部地区在全球生产网络中占据更佳位置提供可能。

（三）提升区域软环境，促进产业结构升级

投资环境是影响或制约投资活动及结果的一切外部条件的总和（潘霞和鞠晓峰，2009），对于区域产业发展而言，一个地区的交通、通信、生产及生活设施等硬环境是产业发展的基本前提条件，同时，地区的软环境对于产业的发展也起着重要作用，集中体现在吸引内外资以及增加创业活

动等诸多方面（董志强等，2012）。当前，国家实施西部大开发战略已有20余年，西部地区的基础设施等硬环境得到了显著改善，而区域软环境日益成为制约西部地区制造业发展及进一步实现产业结构升级的主要因素。因此，在硬环境得以保障的前提下，未来西部地区需要进一步提升区域软环境，促进产业结构升级。结合西部地区产业发展过程中存在的主要问题，应当从以下几方面提升区域软环境：

1. 提高区域城镇化水平

城市是制造业集聚的主要载体，区域制造业的发展态势与城镇化水平密切相关（李晓华，2015）。当前，西部地区的城镇化水平总体仍然偏低，城市对制造业的承载能力相对有限，如2016年，西部地区的城镇化率较全国平均水平大概低了7个百分点，较东部地区更是低了多达15个百分点，仅在50%左右。城镇化水平过低、城市数量偏少、城市规模不足抑制本地市场效应的发挥，也不利于制造业企业的集聚并产生集聚经济效应（柯善咨和赵曜，2014）。这既限制了西部地区大规模承接国内外产业转移的步伐，并且在一定程度上还会引发产业结构升级缓慢等一系列问题。因此，在当前劳动力已经出现回流的背景下（豆晓等，2018），未来需要进一步加快提升西部地区的城镇化水平，尤其是自然环境和发展基础较好、生态环境承载能力较强的重点区域，需要有序推进农村人口向城镇地区转移，提升地级城市等区域性中心城市的规模，增强城市对制造业的支撑能力。

2. 构建区域创新系统

区域创新水平的提升既是国家创新体系建设的内在要求，也是市场化经济环境下转变经济发展方式的核心引擎，对于区域制造业的转型与升级起到重要的支撑作用。区域创新水平的高低在很大程度上是由区域经济发展水平所决定的，当前西部地区的创新水平较东部地区尚且存在较大差距（方创琳等，2014），缺乏培育和引进高技术产业的土壤，导致高端产业难以形成集聚发展的态势，成为制约产业结构升级的重要内在因素。同时，西部地区的部分重点区域包括成渝地区、关中地区等实际上具有较强的科技实力和较好的创新基础，具有发展高技术产业和实行创新驱动战略的可能性。因此，未来需要进一步立足当前发展实际以及未来发展需求，以重点区域为先导，构建西部地区的区域创新系统。具体而言，区域创新系统是结构复杂、功能多样的复杂系统（苏屹等，2016），西部地区的创新系统构建需要遵从创新的客观规律以及地区的发展实际，重点从创新主体、创新资源、创新环境三方面子系统入手。首先，有机协调区域内部的创新主体，有效促成企业、政府、高校、科研机构等创新主体之间形成相互联系、相互协调的功能分布。其次，加快汇聚区域内的创新资源，尤其是高端的人才、资本、知识、技术、信息等，并且优化创新资源的有效组合形式。最后，构建符合区域发展要求的创新环境，尤其需要加强创新文化、创新制度、创新组织等方面的环境建设。

3. 完善区域市场化环境

改革开放以来，中国由计划经济体制向市场经济体制转轨的制度变迁过程中所释放出的动能成为影响中国城市与区域发展的重要因素。但由于中国采取的是区域渐进式的改革模式，由此导致市场化建设在空间上形成非均衡的时空序列，西部地区的市场化水平普遍低于东部地区（杨永春等，2016）。然而，对于现代化的市场经济体系而言，良好的市场化水平是保障区域经济发展与产业结构升级的基础支撑环境。相较于东部地区，西部地区发展水平相对滞后，区域市场化水平有限，在法律制度、产权保护等方面的建设也存在诸多不足，这也是阻碍产业发展和企业进入的重要因素之一。因此，西部地区未来需要进一步构建更加明朗的市场化环境，有效协调好政府与市场间的关系，推动地方政府向"有为政府"的角色转变。此外，需要着眼于市场化建设中出现的问题和存在的不足，进一步破除区域遗存的结构性和制度性矛盾，充分发挥市场在资源配置中的基础性作用，完善区域法律制度、产权保护体系，降低产业发展和企业进入的社会公共成本。

4. 完善区域产业集群

产业集群是指从事相关产业活动的企业在特定区域内通过经济合作和

竞争所形成的空间邻近的产业群体（曾刚和文嫮，2004）。位于产业集群中的企业理论上可以通过共享技术、基础设施、知识、社会关系甚至面对面交流等途径更为有效地提升企业的经营效率和创新水平（Delgado et al.，2016）。因此，一般认为产业集群对于驱动区域经济发展、技术创新和产业升级等方面具有重要作用，并且，产业转移承接地通过构建产业集群的竞争优势也有利于吸引相关产业的转入（王琛等，2012；朱涛和邹双，2013）。从成都高新区的案例中也可以看出，21世纪以来成都高新区引进了英特尔、德州仪器、友尼森、芯源、华为等产业带动能力极强的高技术企业，在此基础上不断完善上、下游产业的配套，构建了世界级的电子信息等产业集群，成为当地经济迅速融入全球生产网络并带动产业结构转型升级的关键因素。当然，从西部地区产业发展的实践可以看出，西部地区产业集群的发育程度总体依然相对较低，除少数核心城市外，大部分地区都缺乏现代化的高技术制造业产业集群。这一方面是由于西部地区本身的产业发育水平较低，具有上下游带动能力的产业部门和大型企业数量有限，导致构建产业集群的内生动力不足。另一方面是由于西部地区在承接国内外产业转移时更多是出自政府的政策干预而不是出于产业发展本身的集聚效应需求，缺乏能够有效带动产业集群式发展的国际、国内资本，出现"只见企业，不见产业"的现象（程李梅等，2013），导致构建产业集群的外部动力不足。因此，未来西部地区仍需进一步完善区域产业集群，在发展基础较好的区域加大力度引进具有产业引领能力的旗舰型跨国公司，在此基础上进一步引进和培育一批具有市场竞争力的本土企业，形成具有国际、国内影响力的高技术产业集群。对于发展基础一般的区域，应当在立足区域资源禀赋条件的基础上，通过移植、集聚、创新等方式，构建具有区域特色的产业集群，通过寻求与外部发达产业集群间的联系融入全球生产网络，带动产业结构升级。

（四）结合区域资源环境承载力，合理规划产业空间布局

改革开放以来，中国制造业的发展势头十分迅猛，但是在区域层面的

差异一直很大，西部地区始终是全国制造业发展的"洼地"。不可否认的是，国家所实施的区域非均衡发展战略在其中起到重要作用，但这并不是单纯的"政策说"所能完全解释的，包括自然条件在内的地学因素是影响区域制造业发展的基础性因素，其作用不容忽视（陆大道，2000）。从自然条件因素的空间分布情况来看，由于西部地区有很大一部分区域属于干旱及半干旱地区和青藏高寒区两大自然区，并不适合发展制造业，因而自然条件因素对制造业发展的限制作用尤为显著。与此同时，西部地区的范围很大，区域内部的差异明显，资源环境对于社会经济发展的支撑能力各不相同，根据陆大道和刘卫东（2000）的观点，按照自然条件和社会经济基础又可将西部地区划分为两部分区域，分别为近西部地区和远西部地区，这两部分区域在社会经济发展过程中受到自然条件的约束程度是完全不同的。近西部地区包括陕西、宁夏大部、甘肃东中部、四川大部、重庆、云南、贵州、广西，这部分区域的自然条件和社会经济基础相对较好，与中部地区相对接近，具有加快发展制造业的基础和潜力。远西部地区包括青藏高原地区、新疆、甘肃河西地区、内蒙古西部，这部分区域主要为干旱及半干旱地区和青藏高寒区，自然条件对社会经济的约束作用极大，资源环境承载能力有限，不适合大规模发展制造业。这在本书相关分析中也可以得到与之相印证的发现，西部地区制造业发展并不均衡，近西部地区和远西部地区在制造业规模、结构高级度以及二者间的协调度等方面均存在明显差距，可见自然条件等地理因素对于区域制造业发展所起到的作用是不容忽视的。

由于自然条件等地学因素对区域制造业发展的影响是比较稳定并且未来也是难以改变的，因此，西部地区制造业发展的指导思想和战略政策不能"一刀切"，而应充分认识不同区域的自然地理等地学因素，针对区域资源环境承载力，合理进行产业空间布局。从相对中观的角度来看，西部地区经济最发达的区域包括以成都、重庆、西安为核心的成渝地区和关中地区，这两大城市群人口稠密、交通条件优越、信息通信便利、科教事业发达，自然地理条件的限制较小，部分城市和产业在全国城市群层面具有一定的比较优势，适合大规模推进发展制造业。对于这些区域，未来一方面应当继续通过承接国内外产业转移、激活地方创业等方式加快提升制造业规模；另一方面尤其需要着眼于大规模推进高技术制造业的发展步伐，加快推动产业结构转型升级，具体应通过引进具有产业引领能力的世界500强、中国500强等旗舰型企业以及培育大量具有创新动能的本土企业，加快融入全球生产网络和全球贸易网络，构建具有全球影响力的现代化产业集群，提升区域在全球生产网络中的位置。除成渝地区和关中地区外，西部地区经济次发达的区域包括滇中地区、黔中地区、北部湾地区、兰白西地区等，这些区域以省会城市为核心，是各省份的重点发展地带，在人力资源、产业基础、科教水平、交通信息等方面均具有一定的比较优势，自然地理条件相对优越，适合较大规模地发展制造业。对于这些区域，未来应加快国家级的开发区、新区、出口加工区等高端产业平台的建设，优化区域营商环境，在此基础上加大力度主动承接东部地区产业转移，加快提升制造业规模，在达到一定产业规模的前提下结合地区优势适时加快发展部分特色产业、高技术产业，提升区域在全国层面的影响力。另外，除上述城市群区域外，近西部地区的其他区域主要为各省份的地级市，这些区域的资源环境承载力相对较低，在制造业发展过程中受到一定的自然环境限制，在人口密度、交通运输、产业基础等方面要素的支撑能力相对较弱，大规模推进制造业的可能性较低。对于这些区域，未来应在资源环境承载能力的限度内优化发展环境友好型产业，部分自然地理条件相对较好的地级市应尽量争取国家级开发区等平台的建设，引进东部地区及西部发达地区的转移产业，激活区域发展动力、提高居民生活水平。远西部地区的绝大多数区域在发展过程中都会受到极强的来自自然地理条件的刚性约束，包括高寒缺氧、干旱缺水、地形地貌等一系列问题导致区域的资源环境承载力极低，这是在发展中不能违背的自然规律。因此，除天山北坡等少数自然条件相对较好的区域可适当发展部分制造业外，其余区域基本不宜推进制造业的发展。

第七章
结论与展望

一、主要结论

1978年以来，面对处于"大稳健"时期的全球化进程，中国政府及时通过推行时空渐进式的改革开放，在充分发挥劳动力、土地等要素比较优势的基础上，以加工贸易的方式充分融入全球生产网络，驱动了工业化的快速发展以及国民经济的显著提升。近年来，随着中国整体上逐渐步入中上等收入阶段以及工业化后期阶段，如何进一步加快实现制造业产业结构的优化和空间结构的协调，既关系制造业能否持续为国民经济做出重大贡献，也关系区域间发展差距能否有效缩小，成为当下中国制造业在结构调整方面亟须解决的两大核心问题，同时也是学界和政界所共同关注的话题。本书以年均25万余家制造业企业样本数据库为核心支撑，辅以宏观统计数据以及微观调研数据，从地理学的空间视角出发，充分探究中国制造业发展与转型的多尺度时空逻辑。首先，分别对全部、低技术、中技术、高技术制造业规模的时空格局及对应的空间结构模式展开详细阐述与分析，分析了中国作为"世界工厂"的空间演化路径；其次，引入制造业UPG指数和空间回归分析进一步测度中国制造业结构高级度的多尺度时空格局及影响因素，评估了中国制造业由低价值链活动向高价值链活动攀升的产业结构升级趋势；再次，引入耦合协调度模型测度了中国制造业规模与结构高级度协调发展的多尺度空间格局，探究了二者间交互协调关系的演进态势以及空间结构特征；最后，立足中国制造业发展的实际，将研究的落脚点置于西部地区制造业发展的问题上，归纳了西部地区制造业发展中存在的主要问题，并选取了成都作为典型成功案例对其发展路径展开深入探讨，在此基础上提出了西部地区制造业未来发展的主要启示。研究结论如下：

在制造业规模方面，1998 年以来中国制造业规模经历了显著增长的过程，基于可比价汇总的制造业总产值在 1998 年、2003 年、2008 年、2013 年分别为 59249.81 亿元、128209.77 亿元、331459.44 亿元、691597.62 亿元，地级单元平均规模相应达到 173.25 亿元、374.88 亿元、969.18 亿元、2022.22 亿元，在 15 年内增长了 10.67 倍之多，反映出中国在该阶段作为"世界工厂"的事实。对应的空间格局方面，中国制造业总体规模格局在胡焕庸线两侧的差异明显，地域空间结构大体由 1998 年的初级均衡模式演变为 2003 年、2008 年沿海与内陆间的核心—边缘模式，随着 2008 年以来制造业规模重心加速向内陆方向迁移，2013 年东部、中部、西部地区间呈现明显的核心—次核心—边缘模式。不同技术等级制造业的空间格局存在一定差异，低技术制造业主要起步发展于长三角和珠三角地区，重心更加偏南，空间结构模式经历了沿海起步→沿海集聚→沿海扩散→内陆转移的转变；中技术制造业起步相对滞后，但发展速度较快，在空间分布上相对更加偏西、偏北，空间结构模式经历了沿海起步→多点分散→多核集聚→东中转移的转变；高技术制造业的重心更加偏东、偏南，主要集中在东部沿海地区，向内陆地区扩散的态势尚不显著，空间结构模式经历了沿海起步→沿海集聚→沿海扩散的转变。

在制造业结构高级度方面，国家尺度，随着制造业产值提升了 10.67

倍，制造业 UPG 指数实现了由 5.987 到 6.225 的提升，但金融危机后略有下滑。区域尺度，制造业 UPG 指数由东部地区→东北地区→西部地区→中部地区递次降低，东北地区在 2003 年后大幅下降，中西部地区始终处于底端且在全国地位略有下降。省域尺度，直辖市与东部沿海省份的制造业 UPG 指数相对较高且成长较快，中西部尤其是多数边疆省份较低且成长缓慢甚至下降。市域尺度，制造业 UPG 指数热点区域由北方传统工业城市向东部沿海城市转移，逐步在全国形成以长三角地区为导向的核心—边缘模式。通过构建"集聚 + 供需 + 政策"的综合分析框架，采用考虑空间因素的空间回归模型对城市制造业 UPG 指数的影响因素展开分析，研究表明，劳动力工资的提升是城市制造业 UPG 指数提高的重要推手，创新能力和制造业集聚的促进作用在后期有所下降，居民消费和开发区的作用在后期逐渐显著，外资的集聚总体抑制了城市制造业 UPG 指数的提升，沿海三大核心城市群的作用尚不显著。

在制造业规模与结构高级度的协调发展方面，国家尺度，中国制造业规模与结构高级度间的协调度水平相对较低，1998～2013 年的总体协调度指数为 0.398，但伴随制造业规模和结构高级度的不断提升，总体呈现稳定的上升趋势，协调度由 1998 年的 0.255 提升至 2013 年的 0.483，由中度失衡阶段进入濒临失调阶段。区域尺度，四大板块仅有东部地区在平均值以上，协调度指数整体由东部地区（0.503）→东北地区（0.368）→中部地区（0.341）→西部地区（0.282）递次降低。东部地区得益于制造业规模和结构高级度的均衡提升，协调度在整个研究期的提升幅度是最大的，中、西部地区由于制造业规模的快速提升，协调度在研究中后期的提升幅度最大，东北地区由于制造业结构高级度的快速下降，协调度在研究中后期的提升幅度最小。城市尺度，城市单元间的协调度水平差异显著，且一直保持着明显的东—中—西阶梯式降低格局，逐渐形成长三角、京津冀、珠三角三大协调度水平较高区域，上海和苏州率先进入优质协调阶段。进一步对协调发展的问题区域进行识别，发现大多数城市单元均不同程度存在着不同问题，由于制造业规模偏小而引发的问题区域占绝对比重，主要分布在胡焕庸线西北侧。

尽管中国制造业在规模和结构高级度方面均有较大提升，但区域之间的差异始终明显，西部地区实际上已经成为当前全国层面真正意义上的落后地区。西部地区不仅制造业规模远低于全国平均水平，同时制造业结构高级度在全国层面的地位也不断下降，由此还共同导致制造业规模与结构高级度间的协调发展水平也是全国最低的区域。西部地区制造业发展过程中面临着发展基础薄弱、内部差异显著、承接产业转移的比较优势不足、产业结构升级的动力不够等诸多问题。当然，在此过程中也有包括成都、重庆在内的少数城市在非均衡发展路径中成功实现了路径突破。基于成都的案例分析发现，全球化与地方化力量间实现的阶段性战略耦合推动了其融入全球生产网络和全球价值链的进程，带动了区域制造业的快速发展与转型升级。结合存在问题与案例解析，提出了未来西部地区制造业发展的几点启示：第一，从顶层设计上加大国家对西部大开发的政策支持力度；第二，提升区域对外开放水平，加快融入全球生产网络；第三，提升区域软环境，促进产业结构升级；第四，结合区域资源环境承载力，进行合理产业空间布局。

二、尝试创新点

空间分布不均以及结构高级度不够是当下中国制造业突出存在的两大结构性矛盾。已有研究已分别就制造业空间分布以及制造业结构升级问题展开了较多关注，但是，就制造业结构升级研究而言，大部分研究仍是基于经济学视角展开的，因而对空间内涵的挖掘不够，尽管地理学近年来开始涉足这一研究领域，但针对性的研究尚且不多。本书采用改进的结构相似系数法首次对中国制造业结构高级度进行了从全国到地市的多尺度系统评估，可为推进中国制造业产业结构转型提供科学决策依据。此外，已有研究很少对制造业规模与结构高级度同时展开研究，本书将其置于同一框架用以全面分析中国制造业结构调整的空间逻辑，在对二者的时空格局展开深入分析的基础上进一步测度了二者间的耦合协调关系，这是对二者关系研究的一种继承和拓展，可为在制造业快速推进过程中实现质与量的协同效应提供理论参考。

由于数据的限制，已有相关研究大多基于省域尺度展开，然而经济地理学家通常认为城市是区域发展的核心，中国区域增长越来越明显地呈现以核心城市为中心的特征（李莉，2008）。与传统的统计年鉴等宏观统计数据相比，本书研究的核心数据来源于年均 25 万余家制造业企业的海量数据库，微观的企业级数据为进行更细致的地理尺度分析提供可能，本书将大部分研究结论都进一步细化到地市尺度，探索了更小尺度区域制造业发展与转型的时空异质性，可为相关政策的制定提供更精确的参考。

三、研究不足与展望

在将制造业按技术等级进行分类时，本书主要参考的是经济合作与发展组织（OECD）的分类标准，该分类标准设定的依据是参照各行业直接研发强度以及中间产品和投资产品的研发强度，在学界具有较高的认同度，运用也相当广泛。但是，该分类标准显然存在一些不足，尤其将某个产业全部归入低技术、中技术或高技术制造业是有失偏颇的，如服装产业中的时装业具有很高的技术水准和附加值，实际上应属于高技术制造业的范畴。同理，电子产业存在一些附加值很低的劳动力密集型生产环节如加工装配，实际上应属于中低技术制造业的范畴。因此，今后的研究应当进一步细化产业分类法方式，如依据产业在价值链工序构成中的实际位置或者产业的研发强度、劳动生产率等指标进行更细致的分解，计算出更科学合理的产业结构高级度指数，为推进产业结构升级提供更可靠的依据。

对制造业规模、结构高级度及协调发展的时空格局进行了细致的多尺度研究，在此过程中，尽管也尝试结合相关理论与历史实践对格局背后的影响因素进行归纳，但总体上仍偏重对时空格局的探讨。今后有待进一步构建有效的理论分析框架对现象背后的影响因素以及内在驱动机制展开详细分析。

从制造业规模、结构高级度等角度对中国制造业发展与转型的空间逻辑进行了宏观层面的解析，尝试选择典型城市进行微观层面的论证。但是，由于知识结构、时间精力等方面的限制，本书仅以成都作为单一案例进行了相关研究。今后应当立足区域差异性，选取更多代表性城市进行深入的案例分析，尤其需要对不同区域、不同发展轨迹的典型案例展开对比分析，在此基础上归纳出制造业发展与转型的不同模式、特征、效果等，为展开分类指导提供科学依据。

本书大部分研究内容都是以企业级数据为支撑而展开的，这一方面提高了计算结果的精确性以及可靠性，另一方面也为展开更细致的地理尺度分析提供了可能。但同时也存在一些不足之处：首先，由于数据库更新相对缓慢，未能就2013年以后的情形展开有效分析；其次，由于数据库并非全样本统计，难免会遗漏极少部分企业样本，导致各研究单元的制造业规模较实际情形略微偏小。当然，本书主要目的不在于探讨中国制造业的增长轨迹，而是从地理学视角去理解中国制造业发展的空间结构、产业结构升级及二者协调关系的演进逻辑，因而对研究结论并不会造成太大的影响。未来在研究数据更科学合理的情形下，仍可在这些方面展开进一步的探讨。

参考文献

［1］ Akamatsu K. A historical pattern of economic growth in developing countries ［J］. Developing Economics, 1962: 13 – 35.

［2］ Akgüngör S. Regional specialization and industrial concentration patterns in the Turkish manufacturing industry: An assessment for the 1980 – 2000 period ［J］. European Planning Studies, 2008, 16 (2): 303 – 323.

［3］ Alecke B, C Alsleben, F Scharr, et al. Are there really high – tech clusters? The geographic concentration of German manufacturing industries and its determinants ［J］. The Annals of Regional Science, 2006 (40): 19 – 42.

［4］ Amiti M. Specialisation patterns in Europe ［J］. Lse Research Online Documents on Economics, 1997, 135 (dp0363).

［5］ Amsden A H. Asia's next giant: South Korea and late industrialization ［M］. New York, NY: Oxford University Press, 1989.

［6］ Amsden A H. Taiwan's economic history: A case of etatisme and a challenge to dependency theory ［J］. Modern China, 1979 (5): 341 – 379.

［7］ Amsden A H. The rise of "The Rest": Challenges to the west from late – industrializing economies ［M］. Oxford, UK: Oxford University Press, 2001.

［8］ Anderson P, Tushman M L. Technological discontinuities and dominant designs: A cyclical model of technological change ［J］. Administrative Science Quarterly, 1990, 35 (4): 604 – 633.

［9］ Ángel Alañón – Pardo, Josep – Maria Arauzo – Carod. Agglomeration, accessibility and industrial location: Evidence from Spain [J]. Entrepreneurship & Regional Development, 2013, 25 (3 - 4): 135 - 173.

[10] Artal - Tur A, Navarro - Azorín J M, Alamá - Sabater M L, et al. Spatial effects in industrial location choices: Industry characteristics and urban accessibility [J]. Tijdschrift Voor Economische En Sociale Geografie, 2013, 104 (2): 159 - 174.

[11] Bartlesman E, Caballero R, Lyons R. Customer and supplier driven externalities [J]. American Economic Review, 1994 (84): 1075 - 1084.

[12] Blažek J. Towards a typology of repositioning strategies of GVC/GPN suppliers: The case of functional upgrading and downgrading [J]. Journal of Economic Geography, 2016, 16 (4): 1 - 21.

[13] Bos M R, Jalil S A. Industrial structure and concentration in malaysian manufacturing industry [J]. International Journal of Management Studies, 2006 (13): 83 - 101.

[14] Braunerhjelm P, Borgman B. Geographical concentration, entrepreneurship and regional growth: Evidence from regional data in Sweden, 1975 - 1999 [J]. Regional Studies, 2004, 38 (8): 929 - 947.

[15] Brülhart M. Evolving geographical specialisation of European manufacturing industries [J]. Weltwirtschaftliches Archiv, 2001, 137 (2).

[16] Brülhart M, Torstensson J. Regional integration, scale economy and industry location in the European Union [C]. CEPR Discussion Paper No 1435, 1996.

[17] Cheong T S, Wu Y. The impacts of structural transformation and industrial upgrading on regional inequality in China [J]. China Economic Review, 2014, 31 (C): 339 - 350.

[18] Chu Y W. The Asian developmental state: Re - examinations and new departures [M]. New York, NY: Palgrave Macmillan, 2016.

[19] Coe N M, Dicken P, Hess M. Global production networks: Realizing

the potential [J]. Journal of Economic Geography, 2008, 8 (3): 271 –295.

[20] Coe N M, Hess M, Yeung H W C, et al. "Globalizing" regional development: A global production networks perspective [J]. Transactions of the Institute of British Geographers. 2004, 29 (4): 468 –484.

[21] Colin Clark. The conditions of economic progress [M]. London: Macmillan & Co. Ltd. , 1940.

[22] Combes P P, Overman H G. The spatial distribution of economic activities in the European Union [J]. Handbook of Regional & Urban Economics, 2004, 4 (4): 2845 –2909.

[23] Devereux M P, Griffith R, Simpson H. The geographic distribution of production activity in the UK [J]. Regional Science and Urban Economics, 2000 (34): 533 –564.

[24] Dicken P, Kelly P, Olds K, et al. Chains and networks, territories and scales: Toward a relational framework for analyzing the global economy [J]. Global Network, 2001, 1 (2): 89 –112.

[25] Dumais G, Ellison G, Glaeser E. Geographic concentration as a dynamic process [J]. Review of Economics & Statistics, 2002, 84 (2): 193 –204.

[26] Dunning J H. Economic analysis and the multinational enterprise [M]. London: George Allen and Unwin, 1981.

[27] Ellison G, Glaeser E, Kerr W. What causes industry agglomeration? Evidence from co – agglomeration patterns [J]. American Economic Review, 2010 (100): 1195 –1213.

[28] Ellison G, Glaeser E. Geographic concentration in U. S. manufacturing industries: A dartboard approach [J]. Journal of Political Economy, 1994, (105): 889 –927.

[29] Fan C. Economic opportunities and internal migration: A case study of Guangdong province, China [J]. The Professional Geographers, 1996, 48 (1): 28 –45.

［30］ Fischer M M, Getis A. Handbook of applied spatial analysis ［M］.
Berlin: Springer Berlin Heidelberg, 2010.

［31］ Fritz V, Menocal A R. (Re) building developmental states: From
theory to practice ［M］. Overseas Development Institute, 2006.

［32］ Fujita M, Hu D. Regional disparity in China 1985 – 1994: The
effects of globalization and economic liberalization ［J］. The Annals of Regional
Science, 2001, 35 (1): 3 –37.

［33］ Gereffi G, Kaplinsky R. The value of value chains: Spreading the
gains from globalisation ［C］. IDS Bulletin, 2001.

［34］ Gereffi G. Development models and industrial upgrading in China and
Mexico ［J］. European Sociological Review, 2009, 25 (1): 37 –51.

［35］ Gereffi G. The global economy: Organization, governance, and de-
velopment ［M］ //Smelser N J, Swedberg R. (Eds.) The Handbook of Eco-
nomic Sociology, 2nd edn. Princeton, NJ: Princeton University Press and Russell
Sage Foundation, 2005.

［36］ Gereffi G, Humphrey J, Sturgeon T. The governance of global value
chains ［J］. Review of International Political Economy, 2005 (12): 78 –
104.

［37］ Gereffi G, Korzeniewicz M. Commodity chains and global capitalism
［M］. Westport: Praeger, 1994.

［38］ Ghani A, Lockhart C, Callaghan M. Closing the sovereignty gap:
How to turn failed states into capable ones ［M］. ODI Opinion 44, London:
ODI, 2005.

［39］ Greene J M. The origins of the developmental state in Taiwan ［M］.
Cambridge, MA: Harvard University Press, 2008.

［40］ Greunz L. Industrial structure and innovation: Evidence from European
regions ［J］. Journal of Evolutionary Economics, 2004, 14 (5): 563 –592.

［41］ Grossman G, Helpman E. Foreign investment with endogenous protection [R]. National Bureau of Economic Research, 1994.

[42] Hatzichronoglou T. Revision of the high – technology sector and product classification [J]. Oecd Science Technology & Industry Working Papers, 1997.

[43] Head K, Ries J. Inter – city competition for foreign investment: Static and dynamic effects of China's incentive areas [J]. Journal of Urban Economics, 1996, 40 (1): 38 – 60.

[44] Henderson J, Dicken P, Hess M., et al. Global production networks and the analysis of economic development [J]. Review of International Political Economy, 2002, 9 (3): 436 – 464.

[45] Holmes T. Localization of industry and vertical disintegration [J]. Review of Economics and Statistics, 1999 (81): 314 – 325.

[46] Holmes T, Stevens J. Geographic concentration and establishment sale [J]. Review of Economics and Statistics, 2002 (84): 682 – 691.

[47] Huang H, Wei Y H D. Spatial inequality of foreign direct investment in China: Institutional change, agglomeration economies, and market access [J]. Applied Geography, 2016 (69): 99 – 111.

[48] Huff W G. The developmental state, government, and Singapore's economic development since 1960 [J]. World Development, 1996 (23): 1421 – 1438.

[49] Jean C. The role of the local state in China's transitional economy [J]. China Quarterly, 1995 (144): 1132 – 1149.

[50] Jofre – Monseny J, Marín – López R, Viladecans – Marsal E. The mechanisms of agglomeration: Evidence from the effect of inter – industry relations on the location of new firms [J]. Journal of Urban Economics, 2011, 70 (2): 61 – 74.

[51] Kim S. Expansion of markets and the geographic distribution of economic activities: The trends in U. S. regional manufacturing structure, 1860 – 1987 [J]. Quarterly Journal of Economics, 1995, 110 (4): 881 – 908.

[52] Koh H J, Riedel N. Assessing the localization pattern of German manufacturing and service industries: A distance – based approach [J] . Regional Studies, 2014, 48 (5): 823 – 843.

[53] Kojima K. The "Flying Geese" model of Asian economic development: Origin, theoretical extensions, and regional policy implications [J] . Journal of Asian Economics, 2000 (11): 375 – 401.

[54] Krugman P. Geography and trade [M] . MIT Press, 1991.

[55] Krugman P. Increasing returns and economic geography [J] . Journal of Political Economy, 1991 (99): 483 – 499.

[56] Krugman, Paul R. The spatial economy [M] . MIT Press, 1999.

[57] Lien L B, Foss N J. The determinants of industry concentration: Two new empirical regularities [J] . Managerial & Decision Economics, 2010, 30 (8): 503 – 511.

[58] Lin J Y, Monga C. Growth identification and facilitation: The role of state in the dynamics of structural change [J] . Development Policy Review, 2011 (29): 264 – 290.

[59] Ma L J C, Wei Y. Determinants of state investment in China, 1953 – 1990 [J] . Tijdschrift voor Economische en Sociale Geografie, 1997, 88 (3): 211 – 225.

[60] Marshall A. Principles of economics [M] . MacMillan, 1890.

[61] Maurel F, B Sedillot. A measure of the geographic concentration in French manufacturing industries [J] . Regional Science and Urban Economics, 1999 (29): 575 – 604.

[62] Delgado M, Michael E Porter, Scott Stern. Defining clusters of related industries [J] . Journal of Economic Geography, 2016 (16): 1 – 38.

[63] Peneder M. Industrial structure and aggregate growth [J] . Structural Change and Economic Dynamics, 2003 (14): 427 – 448.

[64] Midelfart – Knarvik K, Overman H, Venables A. Comparative advan-

tage and economic geography: Estimating the location of production in the EU [C]. Mimeo, 2000.

[65] Midelfart – Knavik K, Overman H, Redding S, et al. The location of European industry [C]. Economic Papers. European Commission, 2000.

[66] Kaldor N. Causes of the slow rate of economic growth of the United Kingdom: An inaugural lecture [M]. Cambridge: Cambridge University Press, 1966.

[67] Okita S. Special Presentation: Prospect of pacific economics [A]. Seoul, Korea, 1985.

[68] Olga Alonso Villar, José María Chamorro Rivas, Xulia González Cerdeira. Agglomeration economies in manufacturing industries: The case of Spain [J]. Applied Economics, 2004, 36 (18): 2103 – 2116.

[69] Overman H, Redding S, Venables A. Trade and geography: A survey of empirics [C]. Mimeo, 2000.

[70] Pavlínek P. Global production networks, foreign direct investment, and supplier linkages in the integrated peripheries of the automotive industry [J]. Economic Geography, 2018, 94 (2): 141 – 165.

[71] Peter Carroll, Eduardo Pol, Paul L Robertson. Classification of industries by level of technology: An appraisal and some implications [J]. Prometheus, 2000, 18 (4): 417 – 436.

[72] Porter M E. The competitive advantage of nations [M]. New York: The Free Press, 1990.

[73] Rosenthal S, Strange W C. The determinants of agglomeration [J]. Journal of Urban Economics, 2001 (50): 191 – 229.

[74] Suedekum, Jens. Concentration and specialization trends in Germany since reunification [J]. Regional Studies, 2004, 40 (8): 861 – 873.

[75] Syrquin M, Chenery H. Three decades of industrialization [J]. World Bank Economic Review, 1989, 3 (2): 145 – 181.

［76］ Tien H M. The great transition: Political and social change in the Republic of China ［M］. Stanford, CA: Hoover Institution Press, Stanford University, 1989.

［77］ Valerie I. The penguin dictionary of physics ［M］. Beijing: Beijing Foreign Language Press, 1996.

［78］ Venables A. Winners and losers from regional integration agreements ［C］. Mimeo, 2000.

［79］ Vernon R. International investment and international trade in the product cycle ［J］. Quarterly Journal of Economics, 1966, 8 (4): 190 –207.

［80］ Wei Y D, Li W, Wang C. Restructuring industrial districts, scaling up regional development: A study of the Wenzhou model, China ［J］. Economic Geography, 2007, 83 (4): 421 –444.

［81］ Wei Y H D. Beyond new regionalism, beyond global production networks: Remaking the Sunan model, China ［J］. Environment and Planning C: Government and Policy, 2010, 28 (1): 72 –96.

［82］ Wei Y H D. Network linkages and local embeddedness of foreign ventures in China: The case of Suzhou municipality ［J］. Regional Studies, 2015, 49 (2): 287 –299.

［83］ Wei Y H D. Regional development in China: States, globalization, and inequality ［M］. London, UK: Routledge, 2000.

［84］ WIFO. The competitiveness of European industry: 1999 Report ［R］. European Communities, 1999.

［85］ Wong D W S, Lee J. ArcViewGIS 与 ArcGIS 地理信息统计分析（中译本）［M］. 北京: 中国财政经济出版社, 2008: 171 –197.

［86］ World Bank. The East Asian miracle: Economic growth and policy ［M］. Oxford, UK: Oxford University Press, 1993.

［87］ Yang C. Restructuring the export – oriented industrialization in the Pearl River Delta, China: Institutional evolution and emerging tension ［J］. Applied Geography, 2012, 32 (1): 143 –157.

[88] Zhong Y, Wei Y D. Economic transition, urban hierarchy, and service industry growth in China [J]. Tijdschrift Voor Economische En Sociale Geografie, 2018, 109 (2): 189 –209.

[89] Zhu S, He C. Geographical dynamics and industrial relocation: Spatial strategies of apparel firms in Ningbo, China [J]. Eurasian Geography and Economics, 2013, 54 (3): 342 –362.

[90] Zhu S, Pickles J. Turkishization of a Chinese apparel firm: Fast fashion, regionalisation and the shift from global supplier to new end markets [J]. Cambridge Journal of Regions, Economy and Society, 2015, 8 (3): 537 –553.

[91] [德] 阿尔弗雷德·韦伯. 工业区位论 [M]. 北京: 商务印书馆, 1997.

[92] [美] 查默斯·约翰逊. 通产省与日本奇迹: 产业政策的成长 (1925 –1975) [M]. 长春: 吉林出版集团有限责任公司, 2010.

[93] [美] 霍利斯·钱纳里. 发展的形式: 1950 –1970 [M]. 北京: 经济科学出版社, 1975.

[94] [美] 库兹涅茨. 国民收入及其构成 [M]. 北京: 商务印书馆, 1985.

[95] [美] 罗斯托. 经济成长的阶段 [M]. 北京: 商务印书馆, 1962.

[96] [日] 山泽逸平. 亚洲太平洋经济论: 21 世纪行动计划建议 (中译本) [M]. 上海: 上海人民出版社, 2001.

[97] [英] 威廉·配第. 政治算术 [M]. 马妍译. 北京: 中国社会科学出版社, 2010.

[98] [日] 小岛清. 对外贸易论 (中译本) [M]. 天津: 南开大学出版社, 1987.

[99] 鲍曙明, 张同斌. 制造业行业分类体系的演变与新进展 [J]. 东北财经大学学报, 2017 (5): 25 –33.

［100］蔡昉，都阳．中国地区经济增长的趋同与差异——对西部开发战略的启示［J］．经济研究，2000（10）：30－37．

［101］蔡昉，王德文，曲玥．中国产业升级的大国雁阵模型分析［J］．经济研究，2009，44（9）：4－14．

［102］蔡昉．金融危机对制造业的影响——中西部地区赶超的机遇［J］．经济学动态，2009（2）：4－8．

［103］蔡昉．中国经济增长如何转向全要素生产率驱动型［J］．中国社会科学，2013（1）：56－71．

［104］曹执令，杨婧．中国制造业环境污染水平测算与变化态势分析［J］．经济地理，2013，33（4）：107－113．

［105］曾刚，文嫮．上海浦东信息产业集群的建设［J］．地理学报，2004（S1）：59－66．

［106］车冰清，朱传耿，孟召宜，等．江苏经济社会协调发展过程、格局及机制［J］．地理研究，2012，31（5）：910－921．

［107］陈明星，唐志鹏，白永平．城市化与经济发展的关系模式——对钱纳里模型的参数重估［J］．地理学报，2013，68（6）：739－749．

［108］陈弢．区域旅游发展协调度的时空差异研究［J］．地理研究，2014，33（3）：558－568．

［109］陈曦，席强敏，李国平．城镇化水平与制造业空间分布——基于中国省级面板数据的实证研究［J］．地理科学，2015，35（3）：259－267．

［110］陈喜强，傅元海，罗云．政府主导区域经济一体化战略影响制造业结构优化研究——以泛珠三角区域为例的考察［J］．中国软科学，2017（9）：69－81．

［111］陈秀山，徐瑛．中国制造业空间结构变动及其对区域分工的影响［J］．经济研究，2008，43（10）：104－116．

［112］陈秀山，张可云．区域经济理论［M］．北京：商务印书馆，2003．

［113］程李梅，庄晋财，李楚，等．产业链空间演化与西部承接产业转移的"陷阱"突破［J］．中国工业经济，2013（8）：135－147．

［114］仇方道，刘继斌，唐晓丹，等．徐州都市圈工业结构转型及其影响效应分析［J］．地理科学，2016，36（9）：1426－1436．

［115］仇方道，唐晓丹，张纯敏，等．江苏省工业转型的时空分异特征与机理［J］．地理研究，2015，34（4）：787－800．

［116］戴伯勋，沈宏达．产业经济学［M］．北京：经济管理出版社，2001．

［117］邓慧慧．贸易自由化、要素分布和制造业集聚［J］．经济研究，2009，44（11）：118－129．

［118］董志强，魏下海，汤灿晴．制度软环境与经济发展——基于30个大城市营商环境的经验研究［J］．管理世界，2012（4）：9－20．

［119］豆晓，Arellano Blanca，Roca Josep．基于相互作用关系的中国省际人口流动研究［J］．地理研究，2018，37（9）：1848－1861．

［120］段小薇，李璐璐，苗长虹，等．中部六大城市群产业转移综合承接能力评价研究［J］．地理科学，2016，36（5）：681－690．

［121］段亚明，刘勇，刘秀华，等．基于POI大数据的重庆主城区多中心识别［J］．自然资源学报，2018，33（5）：788－800．

［122］方创琳，马海涛，王振波，等．中国创新型城市建设的综合评估与空间格局分异［J］．地理学报，2014，69（4）：459－473．

［123］方创琳，宋吉涛，张蔷，等．中国城市群结构体系的组成与空间分异格局［J］．地理学报，2005（5）：827－840．

［124］封志明，张丹，杨艳昭．中国分县地形起伏度及其与人口分布和经济发展的相关性［J］．吉林大学社会科学学报，2011，51（1）：146－151．

［125］冯根福，刘志勇，蒋文定．我国东中西部地区间工业产业转移的趋势、特征及形成原因分析［J］．当代经济科学，2010，32（2）：1－10．

［126］付宏，毛蕴诗，宋来胜．创新对产业结构高级化影响的实证研

究——基于 2000～2011 年的省际面板数据 ［J］.中国工业经济，2013
（9）：56－68.

［127］付凌晖.我国产业结构高级化与经济增长关系的实证研究
［J］.统计研究，2010，27（8）：79－81.

［128］傅元海，叶祥松，王展祥.制造业结构变迁与经济增长效率提
高［J］.经济研究，2016（8）：86－100.

［129］干春晖，郑若谷，余典范.中国产业结构变迁对经济增长和波
动的影响［J］.经济研究，2011，46（5）：4－16.

［130］淦未宇，徐细雄，易娟.我国西部大开发战略实施效果的阶段
性评价与改进对策［J］.经济地理，2011，31（1）：40－46.

［131］龚刚，魏熙晔，杨先明，等.建设中国特色国家创新体系跨越
中等收入陷阱［J］.中国社会科学，2017（8）：61－86.

［132］辜胜阻，李华.以"用工荒"为契机推动经济转型升级［J］.
中国人口科学，2011（4）：2－10.

［133］郭凯明，杭静，颜色.中国改革开放以来产业结构转型的影响
因素［J］.经济研究，2017（3）：32－46.

［134］海贝贝，李小建，许家伟.巩义市农村居民点空间格局演变及
其影响因素［J］.地理研究，2013，32（12）：2257－2269.

［135］贺灿飞，陈航航.参与全球生产网络与中国出口产品升级
［J］.地理学报，2017，72（8）：1331－1346.

［136］贺灿飞，金璐璐，刘颖.多维邻近性对中国出口产品空间演化
的影响［J］.地理研究，2017，36（9）：1613－1626.

［137］贺灿飞，毛熙彦.尺度重构视角下的经济全球化研究［J］.
地理科学进展，2015，34（9）：1073－1083.

［138］贺灿飞，谢秀珍，潘峰华.中国制造业省区分布及其影响因素
［J］.地理研究，2008（3）：623－635.

［139］贺灿飞.区域产业发展演化：路径依赖还是路径创造？［J］.
地理研究，2018，37（7）：1253－1267.

［140］贺曲夫，刘友金．我国东中西部地区间产业转移的特征与趋势——基于 2000～2010 年统计数据的实证分析［J］．经济地理，2012，32（12）：85－90．

［141］洪俊杰，刘志强，黄薇．区域振兴战略与中国工业空间结构变动：对中国工业企业调查数据的实证分析［J］．经济研究，2014，49（8）：28－40．

［142］胡安俊，孙久文．中国制造业转移的机制、次序与空间模式［J］．经济学（季刊），2014，13（4）：1533－1556．

［143］黄茂兴，李军军．技术选择、产业结构升级与经济增长［J］．经济研究，2009，44（7）：143－151．

［144］黄群慧，黄阳华，贺俊，等．面向中上等收入阶段的中国工业化战略研究［J］．中国社会科学，2017（12）：94－116．

［145］黄群慧．改革开放 40 年中国的产业发展与工业化进程［J］．中国工业经济，2018（9）：5－23．

［146］黄顺魁，王裕瑾，张可云．中国制造业八大区域转移分析——基于偏离—份额分析［J］．经济地理，2013，33（12）：90－96．

［147］黄志基，贺灿飞，杨帆，等．中国环境规制、地理区位与企业生产率增长［J］．地理学报，2015，70（10）：1581－1591．

［148］金碚，杨丹辉，黄速建，等．国际金融危机冲击下中国工业的反应［J］．中国工业经济，2009，253（4）：17－29．

［149］金凤君，陈琳琳，杨宇，等．中国工业基地的甄别与演化模式［J］．地理学报，2018（6）：1－16．

［150］金利霞，李郇，曾献铁，等．广东省新一轮制造业产业空间重组及机制研究［J］．经济地理，2015，35（11）：101－109．

［151］金淑婷，李博，杨永春，等．中国城市分布特征及其影响因素［J］．地理研究，2015，34（7）：1352－1366．

［152］靳卫东，王林杉，徐银良．区域产业转移的定量测度与政策适用性研究［J］．中国软科学，2016（10）：71－89．

［153］柯善咨，赵曜．产业结构、城市规模与中国城市生产率［J］．经济研究，2014，49（4）：76－88.

［154］李方一，刘思佳，程莹，等．出口增加值对中国区域产业结构高度化的影响［J］．地理科学，2017，37（1）：37－45.

［155］李鹤，张平宇，刘文新.1990年以来辽宁省环境与经济协调度评价［J］．地理科学，2007（4）：486－492.

［156］李健，宁越敏，汪明峰．计算机产业全球生产网络分析——兼论其在中国大陆的发展［J］．地理学报，2008（4）：437－448.

［157］李江苏，王晓蕊，苗长虹，等．城镇化水平与城镇化质量协调度分析——以河南省为例［J］．经济地理，2014，34（10）：70－77.

［158］李力行，申广军．经济开发区、地区比较优势与产业结构调整［J］．经济学（季刊），2015，14（3）：885－910.

［159］李莉，刘慧，刘卫东，等．基于城市尺度的中国区域经济增长差异及其因素分解［J］．地理研究，2008（5）：1048－1058.

［160］李然．基于产业安全的京津冀产业转移研究［D］．北京交通大学，2016.

［161］李绍荣，李雯轩．我国区域间产业集群的"雁阵模式"——基于各省优势产业的分析［J］．经济学动态，2018（1）：86－102.

［162］李伟，贺灿飞．劳动力成本上升与中国制造业空间转移［J］．地理科学，2017，37（9）：1289－1299.

［163］李贤珠．中韩产业结构高度化的比较分析：以两国制造业为例［J］．世界经济研究，2010（10）：81－87.

［164］李晓华．中国城镇化与工业化的协调关系研究：基于国际比较的视角［J］．中国社会科学院研究生院学报，2015（1）：40－50.

［165］李新功．人民币升值与我国制造业升级实证研究［J］．中国软科学，2017（5）：38－46.

［166］李秀彬．地区发展均衡性的可视化测度［J］．地理科学，1999（3）：63－66.

［167］李娅，伏润民．为什么东部产业不向西部转移：基于空间经济理论的解释［J］．世界经济，2010，33（8）：59-71.

［168］李燕，贺灿飞．1998-2009年珠江三角洲制造业空间转移特征及其机制［J］．地理科学进展，2013，32（5）：777-787.

［169］李扬，刘慧，汤青．1985~2010年中国省际人口迁移时空格局特征［J］．地理研究，2015，34（6）：1135-1148.

［170］李裕瑞，王婧，刘彦随，等．中国"四化"协调发展的区域格局及其影响因素［J］．地理学报，2014，69（2）：199-212.

［171］李悦，孔令丞．我国产业结构升级方向研究——正确处理高级化和协调化的关系［J］．当代财经，2002（1）：46-51.

［172］林理升，王晔倩．运输成本、劳动力流动与制造业区域分布［J］．经济研究，2006（3）：115-125.

［173］林毅夫，蔡昉，李周．比较优势与发展战略：对"东亚奇迹"的再解释［J］．中国社会科学，1999（5）：4-20.

［174］林毅夫，蔡昉，李周．中国的奇迹：发展战略与经济改革［M］．上海：上海人民出版社，1994.

［175］林毅夫．新结构经济学——重构发展经济学的框架［J］．经济学（季刊），2010，10（1）：1-32.

［176］刘承良，管明明，段德忠．中国城际技术转移网络的空间格局及影响因素［J］．地理学报，2018，73（8）：1462-1477.

［177］刘慧，叶尔肯·吾扎提，王成龙．"一带一路"战略对中国国土开发空间格局的影响［J］．地理科学进展，2015，34（5）：545-553.

［178］刘乃全，刘学华，赵丽岗．中国区域经济发展与空间结构的演变——基于改革开放30年时序变动的特征分析［J］．财经研究，2008（11）：76-87.

［179］刘清春，张莹莹，李传美．基于空间杜宾模型的山东省制造业时空分异研究［J］．地理科学，2017，37（5）：691-700.

［180］刘瑞明，赵仁杰．西部大开发：增长驱动还是政策陷阱——基

于 PSM - DID 方法的研究［J］．中国工业经济，2015（6）：32 - 43.

［181］刘生龙，王亚华，胡鞍钢．西部大开发成效与中国区域经济收敛［J］．经济研究，2009，44（9）：94 - 105.

［182］刘伟，张辉，黄泽华．中国产业结构高度与工业化进程和地区差异的考察［J］．经济学动态，2008（11）：4 - 8.

［183］刘卫东．"一带一路"战略的科学内涵与科学问题［J］．地理科学进展，2015，34（5）：538 - 544.

［184］刘祥生．边际产业扩张理论介评及其启示［J］．国际贸易问题，1992（12）：56 - 59.

［185］刘修岩．产业集聚与经济增长：一个文献综述［J］．产业经济研究，2009，40（3）：70 - 78.

［186］刘彦随，杨忍．中国县域城镇化的空间特征与形成机理［J］．地理学报，2012，67（8）：1011 - 1020.

［187］刘逸．战略耦合的研究脉络与问题［J］．地理研究，2018，37（7）：1421 - 1434.

［188］刘颖琦，李学伟，李雪梅．基于钻石理论的主导产业选择模型的研究［J］．中国软科学，2006（1）：145 - 152.

［189］刘志彪，安同良．中国产业结构演变与经济增长［J］．南京社会科学，2002（1）：1 - 4.

［190］卢中原．西部地区产业结构变动趋势、环境变化和调整思路［J］．经济研究，2002（3）：83 - 90.

［191］陆大道，刘卫东．论我国区域发展与区域政策的地学基础［J］．地理科学，2000（6）：487 - 493.

［192］陆大道．我国区域发展总体战略与西部开发［J］．经济地理，2000（3）：1 - 4.

［193］路江涌，陶志刚．中国制造业区域聚集及国际比较［J］．经济研究，2006（3）：103 - 114.

［194］罗芊，贺灿飞，郭琪．基于地级市尺度的中国外资空间动态与

本土产业演化 ［J］. 地理科学进展，2016，35（11）：1369 - 1380.

［195］罗胤晨，谷人旭. 1980～2011 年中国制造业空间集聚格局及其演变趋势 ［J］. 经济地理，2014，34（7）：82 - 89.

［196］罗勇，曹丽莉. 中国制造业集聚程度变动趋势实证研究 ［J］. 经济研究，2005（8）：106 - 115.

［197］马珩，李东. 长三角制造业高级化测度及其影响因素分析 ［J］. 科学学研究，2012，30（10）：1509 - 1517.

［198］马晓河. 结构转型、困境摆脱与我国制造业的战略选择 ［J］. 改革，2014（12）：22 - 34.

［199］麦土荣，宋周莺，刘卫东. 西部地区的经济空间格局研究 ［J］. 经济地理，2010，30（9）：1417 - 1422.

［200］毛琦梁，董锁成，王菲，等. 中国省区间制造业空间格局演变 ［J］. 地理学报，2013，68（4）：435 - 448.

［201］苗长虹，胡志强，耿凤娟，等. 中国资源型城市经济演化特征与影响因素——路径依赖、脆弱性和路径创造的作用 ［J］. 地理研究，2018，37（7）：1268 - 1281.

［202］潘宇瑶. 自主创新对产业结构高级化的驱动作用研究 ［D］. 吉林大学，2016.

［203］潘霞，鞠晓峰. 基于招商引资的区域投资环境评价指标体系研究 ［J］. 科技进步与对策，2009，26（14）：121 - 126.

［204］彭红斌. 小岛清的"边际产业扩张论"及其启示 ［J］. 北京理工大学学报（社会科学版），2001（1）：84 - 86.

［205］邱斌，叶龙凤，孙少勤. 参与全球生产网络对我国制造业价值链提升影响的实证研究——基于出口复杂度的分析 ［J］. 中国工业经济，2012（1）：57 - 67.

［206］邵予工，郭晓，杨乃定. 基于国际生产折中理论的对外直接投资项目投资风险研究 ［J］. 软科学，2008（9）：41 - 44.

［207］石敏俊，逄瑞，郑丹，等. 中国制造业产业结构演进的区域分

异与环境效应［J］．经济地理，2017，37（10）：108－115.

［208］石敏俊，杨晶，龙文，等．中国制造业分布的地理变迁与驱动因素［J］．地理研究，2013，32（9）：1708－1720.

［209］史丹，张成．中国制造业产业结构的系统性优化：从产出结构优化和要素结构配套视角的分析［J］．经济研究，2017（10）：158－172.

［210］宋炳林．我国区际产业转移的动力机制及其耦合［J］．华东经济管理，2014，28（1）：74－79.

［211］宋颖．鄱阳湖生态经济区资源环境与社会经济发展的协调性研究［D］．江西财经大学，2017.

［212］苏东水．产业经济学［M］．北京：高等教育出版社，2005.

［213］苏屹，姜雪松，雷家骕，等．区域创新系统协同演进研究［J］．中国软科学，2016（3）：44－61.

［214］隋映辉．协调发展论［M］．青岛：青岛海洋大学出版社，1990.

［215］孙汉杰．东北地区制造业升级问题研究［D］．东北师范大学，2016.

［216］孙军．需求因素、技术创新与产业结构演变［J］．南开经济研究，2008（5）：58－71.

［217］唐海燕．中国在全球生产网络中的角色变迁［J］．华东师范大学学报（哲学社会科学版），2013，45（5）：1－9.

［218］唐乐．东亚区域产业结构演进与中国制造业产业升级［D］．吉林大学，2016.

［219］唐晓华，张欣珏，李阳．中国制造业与生产性服务业动态协调发展实证研究［J］．经济研究，2018，53（3）：79－93.

［220］陶新宇，靳涛，杨伊婧．"东亚模式"的启迪与中国经济增长"结构之谜"的揭示［J］．经济研究，2017，52（11）：43－58.

［221］汪浩瀚，徐建军．市场潜力、空间溢出与制造业集聚［J］．地

理研究，2018，37（9）：1736-1750.

［222］王琛，林初昇，戴世续．产业集群对技术创新的影响——以电子信息产业为例［J］．地理研究，2012，31（8）：1375-1386.

［223］王成金，王伟．中国老工业城市的发展状态评价及衰退机制［J］．自然资源学报，2013，28（8）：1275-1288.

［224］王承云，孙飞翔．长三角城市创新空间的集聚与溢出效应［J］．地理研究，2017，36（6）：1042-1052.

［225］王东京．经济全球化与中国的经济结构调整［J］．管理世界，2017（5）：1-6.

［226］王俊松．长三角制造业空间格局演化及影响因素［J］．地理研究，2014，33（12）：2312-2324.

［227］王岚，李宏艳．中国制造业融入全球价值链路径研究：嵌入位置和增值能力的视角［J］．中国工业经济，2015（2）：76-88.

［228］王远飞，何洪林．空间数据分析方法［M］．北京：科学出版社，2010.

［229］王仲智，林炳耀．集群理论与主导产业理论比较研究［J］．地理科学，2005（1）：23-28.

［230］文玫．中国工业在区域上的重新定位和聚集［J］．经济研究，2004（2）：84-94.

［231］吴福象，蔡悦．中国产业布局调整的福利经济学分析［J］．中国社会科学，2014（2）：96-115.

［232］吴福象，段巍．国际产能合作与重塑中国经济地理［J］．中国社会科学，2017（2）：44-64.

［233］吴敬琏，俞可平．中国未来30年［M］．北京：中央编译出版社，2012.

［234］吴三忙，李善同．中国制造业空间分布分析［J］．中国软科学，2010（6）：123-131.

［235］吴玉鸣，柏玲．广西城市化与环境系统的耦合协调测度与互动

分析［J］. 地理科学，2011，31（12）：1474－1479.

［236］夏丽丽，阎小培. 基于全球产业链的发展中地区工业化进程中的产业演进——以珠江三角洲为例［J］. 经济地理，2008（4）：573－577.

［237］肖刚. 中国外商直接投资区位分布的时空格局演变［J］. 当代财经，2015（10）：97－107.

［238］谢里，罗能生. 中国制造业空间集聚水平及其演变趋势［J］. 科学学研究，2009，27（12）：1836－1844.

［239］熊建新，陈端吕，彭保发，等. 洞庭湖区生态承载力系统耦合协调度时空分异［J］. 地理科学，2014，34（9）：1108－1116.

［240］徐朝阳，林毅夫. 发展战略与经济增长［J］. 中国社会科学，2010（3）：94－108.

［241］阎建东. 邓宁国际生产折中理论述评［J］. 南开经济研究，1994（1）：57－61.

［242］阳立高，龚世豪，王铂，等. 人力资本、技术进步与制造业升级［J］. 中国软科学，2018（1）：138－148.

［243］阳立高，谢锐，贺正楚，等. 劳动力成本上升对制造业结构升级的影响研究——基于中国制造业细分行业数据的实证分析［J］. 中国软科学，2014（12）：136－147.

［244］杨春. 台资跨境生产网络的空间重组：电脑企业从珠三角到长三角的转移［J］. 地理学报，2011，66（10）：1343－1354.

［245］杨开忠. 中国地区工业结构变化与区际增长和分工［J］. 地理学报，1993，48（6）：481－490.

［246］杨伟聪，王长建. 全球生产网络、价值捕捉轨迹与区域发展［J］. 热带地理，2017，37（5）：628.

［247］杨永春，宋美娜，史坤博，等. 渐进制度变迁模式下中国城市转型测度的空间分异［J］. 地理科学，2016，36（10）：1466－1473.

［248］杨永春. 渐进制度转型与地理空间演变［M］. 兰州：兰州大

学出版社，2013.

[249] 杨永春. 中国模式：转型期混合制度"生产"了城市混合空间结构 [J]. 地理研究，2015，34（11）：2021 - 2034.

[250] 姚志毅，张亚斌. 全球生产网络下对产业结构升级的测度 [J]. 南开经济研究，2011（6）：55 - 65.

[251] 叶琪. 我国区域产业转移的态势与承接的竞争格局 [J]. 经济地理，2014，34（3）：91 - 97.

[252] 尹希果，刘培森. 中国制造业集聚影响因素研究——兼论城镇规模、交通运输与制造业集聚的非线性关系 [J]. 经济地理，2013，33（12）：97 - 103.

[253] 于刃刚. 配第—克拉克定理评述 [J]. 经济学动态，1996（8）：63 - 65.

[254] 原嫄，李国平，孙铁山，等. 中国制造业各行业大类的区域转移特征与聚类研究 [J]. 经济地理，2015，35（10）：94 - 102.

[255] 张斌，茅锐. 工业赶超与经济结构失衡 [J]. 中国社会科学，2016（3）：80 - 98.

[256] 张平宇，马延吉，刘文新，等. 振兴东北老工业基地的新型城市化战略 [J]. 地理学报，2004（S1）：109 - 115.

[257] 张少军，刘志彪. 全球价值链模式的产业转移——动力、影响与对中国产业升级和区域协调发展的启示 [J]. 中国工业经济，2009（11）：5 - 15.

[258] 张同升，梁进社，宋金平. 中国制造业省区间分布的集中与分散研究 [J]. 经济地理，2005（3）：315 - 319.

[259] 赵昌文，许召元，朱鸿鸣. 工业化后期的中国经济增长新动力 [J]. 中国工业经济，2015（6）：44 - 54.

[260] 赵建吉，茹乐峰，段小微. 产业转移的经济地理学研究：进展与展望 [J]. 经济地理，2014，34（1）：1 - 6.

[261] 赵媛，杨足膺，郝丽莎，等. 中国石油资源流动源—汇系统空

间格局特征［J］. 地理学报, 2012, 67 (4): 455 - 466.

　　［262］中国社会科学院工业经济研究所课题组. "十二五"时期工业结构调整和优化升级研究［J］. 中国工业经济, 2010, 262 (1): 5 - 23.

　　［263］周世军, 周勤. 中国中西部地区"集聚式"承接东部产业转移了吗?——来自 20 个两位数制造业的经验证据［J］. 科学学与科学技术管理, 2012, 33 (10): 67 - 79.

　　［264］朱刚体. 国际生产折中理论述评［J］. 经济学动态, 1987 (3): 60 - 64.

　　［265］朱晟君, 王翀. 制造业重构背景下的中国经济地理研究转向［J］. 地理科学进展, 2018, 37 (7): 865 - 879.

　　［266］朱涛, 邹双. 中西部地区承接产业转移的现状及其模式研究［J］. 商业经济与管理, 2013 (12): 83 - 91.

　　［267］左鹏飞. 信息化推动中国产业结构转型升级研究［D］. 北京邮电大学, 2017.